「がんこ」の挑戦

抜きん出たおもてなしを創り出す

新村 猛―内藤 耕――著

生産性出版

はじめに――がんこフードサービスの挑戦

本書でこれから取り上げるがんこフードサービス株式会社（本書では以下「がんこ」と略す）は、典型的な労働集約型のサービス産業と言われる外食産業の中で、とくに人的依存度の高い日本料理を中心に約一〇〇店舗を展開している。お店に行ったことのある方も多いであろう。

小売業の分野では、一〇〇店舗以上展開する企業を一般的に〝ビッグストア〟と称する。そして、ビッグストアを実現するためにはチェーンストアシステムの導入による〝標準化〟〝単純化〟〝専門化〟を通じて大量生産を実現しなければならないとされている。

しかし、がんこのアプローチは、これと大きく異なり、〝多様化〟〝複雑化〟〝総合化〟を通じて、高い専門性をもって地域密着でサービスを提供する戦略であり、これまで多くの企業で採用され、多くの成果をあげてきたチェーンストアシステムの方向性と根本的に異なる。顧客のニーズがこれまで以上に多様化し、少子高齢化による人口減少によって、今後さらに消費者によるサービスの選択行動が激化していく中で、単純な大量供給による低価格化戦略に限界が生じているのは明らかである。したがって、現在のサービス産業において、がんこのアプローチは非常に特異であるが、もしかしたら二一世紀に求められる企業活動のモデルになっていくものと考えられる。

がんこは自らを〝ローカルチェーン〟と称している。ここで言う〝ローカル〟とは地方という意味ではなく、地元に根ざし、〝日本文化を基盤とした和の専門店〟という意味である。一般的に労働集約的なサービス企業で専門性を追求する場合、多店舗展開はかなり難しいと考えられている。しかし、高い専門性を持つが、消費者にとってお値打ちのある価格で提供したいというがんこのコンセプトを実現するためには、バイイングパワーや人材力などの様々な工夫が必要になる。そのために独自の仕組みを確立することによってある程度の多店舗化を実現しなければならない。セントラルキッチンなどのチェーン的要素はその方法論として導入する。しかし、その目的は調理の機械化による省力化ではなく、セントラルキッチンに技術力の高い調理師を集中的に配置して品質の高い料理を作るだけでなく、集中化によって結果として効率の向上も合わせて実現するというアプローチである。

本書では、がんこが創業以来採用してきたアプローチを俯瞰することによって、小規模事業からスタートするサービス産業がどのように成長のための布石を打ち、サービスの質的向上と規模的拡大のバランスを取っていくべきなのかという一つの事例を紹介する。このアプローチを外食産業だけでなく様々な業界のサービス・イノベーションの参考にしていただければ幸いである。

目次■「がんこ」の挑戦——抜きん出たおもてなしを創り出す

装丁／竹内雄二

第1章
創業者・小嶋淳司の挑戦

外食産業元年——がんこ創業期の外食マーケット

一九七〇年が日本の〝外食産業元年〟と言われている。戦後の日本経済は目覚しい回復をみせ、人々は徐々に〝生活のための衣食住〟ではなく、〝楽しみとしての衣食住〟を求めるようになった。しかし、一九七〇年以前に営業していた一般的な寿司店や料亭などは非常に高価であり、当時の庶民にとって〝ハレの日の食事〟、〝高嶺の花〟でもあった。それらは普通の人が、今のように普通に食事を楽しむ場所ではなかった。つまり、今の外食産業のように、人々の日常生活に密接した存在ではなかったのである。

外食産業元年の前の一九六〇年代に起こった二つの出来事が、日本に外食産業を芽生えさせ、大きく成長させる土壌をつくった。

第一の出来事は日本経済の高度成長である。「もはや戦後ではない」——一九五六年にこう表現された日本経済は、一九五〇年代の神武景気から一九六〇年後半のいざなぎ景気まで、じつに二〇年近く二桁に近い高度成長を遂げた。また、同じ時期に三種の神器と言われた家庭電化製品の普及は主婦を家事から開放し、働く機会を多くの女性にもたらした。その結果、生活に余裕が出てきた一般の消費者は、生きていくための食事から、自分たちが好きなものを食べるいわゆる〝娯楽〟としての食事を楽しめるようになった。

第二の出来事は一九六九年の第二次資本自由化である。それまでは外資系企業が日本市場に自由に進出することができなかったが、資本自由化を契機にマクドナルド、ケンタッキーフライドチキンなど、今ではおなじみの外食企業が次々と日本に第一号店を出店した。これらの企業によって、日本にハンバーガーやフライドチキンなどのアメリカの食文化とともに、より多くの消費者に手ごろな価格で商品を提供するための〝チェーンストアシステム〟も日本にもたらされたのである。

またそのころ、事業化を目指した当時の多くの若き起業家たちは海外に雄飛し、アメリカで確立されたチェーンストアシステムを肌で体感し、それを学ぶとともに、自分たちが目指す外食店などを次々と創業していった。

アメリカ式のステーキハウスやファミリーレストランを参考にした〝ロイヤルホスト〟、日本のファミリーレストランの草分けである〝すかいらーく〟など、現在でもなじみ深い外食企業もこの時期に創業している。また、チェーンストアを参考にしつつも日本料理や他の料理分野の営業形式でチェーン化を目指す企業も現れた。うどんや日本そばをチェーン化した〝グルメ杵屋〟、長崎ちゃんぽんという中華料理分野で多店舗化を図った〝リンガーハット〟、日本の伝統食である寿司とコンベアや寿司ロボットを組み合わせて回転寿司という新たなビジネスモデルを構築した〝元禄寿司〟など、じつに多彩な外食産業がこの時期に産声をあげていった。

本書で取り上げるがんこは、この外食産業黎明期の少し前、一九六三年に〝がんこ寿司〟として創業している。創業時に掲げたモットーは「旨くて、安い」——そして、この基本理念は、その後に日本の外食産業に大きな影響を与えたチェーンストアシステムとは一線を画するものとなった。

チェーンストアシステムは、〝標準化〟〝単純化〟〝専門化〟を基本とする。商品の種類を絞り込むことで素材、作業、厨房機器の種類を減らすとともに、大規模出店によってコストメリットを実現する。また、セントラルキッチンで一括調理することで店舗の従業員数を削減して商品の価格を下げる。さらに、調理やサービスをマニュアル化することで、人によるサービスの〝ぶれ〟を抑え、均質なサービス提供を実現し、まだ物不足の時代に産業として社会貢献していくことがチェーンストアシステムの基本戦略であったと言える。

一方、がんこの基本戦略は、このチェーンストアシステムとはまったく異なったアプローチである。寿司は長年の修行を経た調理技術を必要とする商品である。主たる材料である魚は原材料費が高いため、チェーンストアのように安価な商品を提供することが難しい商品でもある。また、素材のほとんどは生もの、自然のものであるだけに品質は常に変化する。このようにチェーン化になじまない寿司という事業をがんこは選択したのである。このように、そもそも創業間もない〝がんこ寿司〟は、導入が始まったアメリカ式のチェーンストアシステムをなぜ志向しなかったのだろうか？

当時、チェーンストアシステムを学ぶためにアメリカ研修に参加しました。そのときステーキハウスのセントラルキッチンを見てその生産効率のよさに驚く一方で、食の商いに携わる者として本質的な違和感がありました。その工場ではステーキ用の肉を凍らせておき、ステーキの形状をした金型で肉をプレスして同じ形状にしたうえで、均質な厚さになるよう、のこぎりでカットしていました。たしかに肉の無駄はなく、生産効率は高いです。また、肉は同じ形状をしているから、ポーションコントロール（材料の量目管理）や焼き上がりのばらつきを抑えることもできるでしょう。しかし、工場生産された規格品ばかりをお客様は望むわけではありません。当時の日本はチェーンストアシステム導入一辺倒でしたが、自分のために丹精込めて作られた料理、その場その場を大切にしておもてなしする一期一会の心、そのような価値観を大切にして商いをする外食企業があってもいいいんじゃないか？　そう考えてがんこの基本路線を確立しようとしたのです。
（創業者であり現在の会長である小嶋淳司）

しかし、〝おいしいけれども高い〟というスタンスで営業されていた当時の寿司店や料亭などの飲食店は、庶民の手が届かないような高値で消費者に商品を提供していた。このような形式を踏襲するだけではいずれチェーンストアに駆逐され、事業の維持が難しくなることは当時から明らかであった。飲食店である以上〝おいしい〟を基本にしつつも、価格は気軽に外食を楽しめるものにしなければならないことは明白であった。がんこは、一見すると相反するこの二つの命題に、創業の時点から同時に取り組まなければならなかったのである。

今までのスタイルで寿司店をやっている限り、旨いけれど高いという商いしかできないと考えました。〝旨くて安い〟を実現するためには、今までの寿司店の常識に挑戦する必要があります。そのため、仕入れ、販売、商品構成など、あらゆる角度で営業形態を革新する試みをしました。（小嶋）

大量生産から〝個別生産〟、価格志向より〝価値志向〟、画一化ではなく〝多様化〟。ここに来て盛んに叫ばれていることを、がんこは約半世紀も前から挑戦していたのである。

半世紀前にチェーン化の潮流とは一線を画し、がんこはサービスや市場の何を見て、そしてどう考えて今日のさきがけとなる仕組みを確立していったのか？　そのヒントを探るために、がんこの商いの原点、そして創業当時の商いについてまず振り返る。

創業の原体験

がんこの商いの原点は、創業者の実家が営んでいた〝よろずや〟に遡る。夫を早くに亡くした創業者の母は、家業の〝よろずや〟を商いながら子供たちを育てあげた。小嶋は日々商いに精進する母親の一挙手一投足から商いの基本を学んでいった。

たとえば家族で食卓を囲んでいるとき、たとえ自分たちの食事中に誰かが店に来たとしてもすぐに店頭に立っておもてなしできるように、との配慮から、畳に座り込むのではなく、つま先を立てた状態で正座をしながら食事をとっていたという。常に〝お客様のご満足〟を考えるというがんこの理念は頭で思いついたものではなく、母親のよろずやでの商いの姿勢を通じて、日々の生活の中で自然と培われた〝気づき〟と〝体験〟の蓄積であったと言える。

ところが、小嶋が高校生になったときに大きな転機が訪れる。母親が長年の無理がたたって病床に臥せってしまったのである。このままでは自分たちの生活を支える基盤である〝よろずや〟を商うことができない。そこで小嶋は、高校生と〝よろずや〟の二足のわらじを履くことを決意するのである。

いきなり本番、というのが良かったのでしょう。母の背中を見てきたので体感的に商いを理解してはいましたが、当然まだ実践の経験がありません。とにかく何にでもがむしゃらに取り組むことから始めました。（小嶋）

そして、小嶋はよろずやでの経験を通じて商売のすばらしさを学んだ。よろずやは村で数少ない生活用品店であるため、雑貨や食料品だけでなく、化粧品のような嗜好品の販売も行っていた。女性に化粧品を販売するのだから、まず自分自身が化粧品について学ばなければならない。そんな思いで化粧品メーカーの研修会にも積極的に参加して知識を吸収した。当時高校生であった小嶋にとって、自分の知らない商品について学び、販売することは簡単ではなかったであろう。しかし何事もどん欲に学ぶという姿勢と、何でも現場で実践するという考え方は、この時期に形成されていったのである。

このような地道な努力を積み重ねていった結果、〝よろずや〟は売上を順調に伸ばしていった。周囲の商人たちは、当初詰め襟の制服を着た高校生に戸惑ったようだが、着実に実績を積んでいくと、年齢や立場ではなく、きちんと実力で評価してくれることを肌で感じ、「商いは自分を磨き、成長していくことで可能性が開ける場であり、また努力がきちんと報われる実践の場でもある」との確信を持つようになった。

また、近隣店との価格競争に打ち勝つために、今で言う〝流通改革〟にも取り組んだ。たとえばよろずやで販売する下駄は、常々、大阪の下駄問屋で仕入れていたが、あるとき「下駄問屋が仕入れている下駄の木と鼻緒の産地を探し、素材を購買したほうが安くなる」と考え、それらの産地を探し当て、そこで素材を調達するように仕入れルートを変更した。その後、さらに「鼻緒を買うのではなく、鼻緒の材料を購入して自分たちで鼻緒に仕立てたほうがよりお客様に安く商品を提供できる」と考え、仕入れ方法も変更した。

こうした努力の甲斐もあって、他店よりもよい商品を、より安く提供することに成功し、家業のよろずやは大いに繁盛することとなった。この原体験から、がんこのサービスの根底をなす〝実力主義の人事〟〝バーティカルマーチャンダイジング〟という、人と商品に対する基本理念を確立していったのである。

しかし、このよろずやでの体験を通じて、商いの難しさも併せて痛感する。地元の学校で行われる修学旅行に商機を見出し、学生受けのするデザイン性の高い旅行かばんを仕入れて商戦に臨んだ。商品に自信を持っていたことから、「いい商品を提供するのだから、お客様はこのくらいの価格であれば買ってくれるだろう」と、相場よりも少し高い値付けをして販売した。ところが、この〝利〟が勝ちすぎた志向にお客様はノーを突きつけた。残念ながらこのかばんの販売は不振に終わったという。

このときは、少しだけ儲けさせてもらおうと、損得をベースにした価格設定をしてしまいました。やはりそのような考え方ではお客様に支持していただけません。損得の前に、「その考え方はお客様のためになるのか?」と徹底的に考え抜くことが大事だと痛感しました。こういったよろずやでの体験を通じて、がんこの理念である〝儲け〟の概念が形作られたのです。（小嶋）

がんこでは、〝儲け〟という言葉を次のように定義している。儲けという字は〝信〟と〝者〟という字で構成されている。つまり、儲けとは単に利潤を得ることではなく、その根底にお客様と店との信頼関係がなければならないのである。今でも「儲かってまっか」と大阪の商人が言うのは「お客様にご信頼いただける、真っ正直な仕事をしているか」という自他への問いかけであり、「ぼちぼちでんな」というのは商売に終点はなく、常に自分たちは成長の途上にいるのだからよりいっそう精進しなければならないという自戒の意味を込めて言っているのである。商人は〝儲け〟だけを追求するためにこのような言葉を使っているのではない。このような体験を通じてがんこは〝愚直〟という組織風土に関する基本理念も同時に形成していったのである。

外食分野での創業を志す——寿司業界での挑戦

小嶋が二二歳になったとき、兄が実家に戻って家業を切り盛りすることになった。それまで家業に勤しんでいた経験に加え、自分の見識を広めて将来の進路を定める機会を得るために大学進学を志し、一九五七年、京都にある同志社大学経済学部に進学する。二二歳と、少し遅い船出であった。すでに自分で商売を始めると決めていたこともあり、大学での勉強と並行して、京都や大阪の地をつぶさに歩き、どのような事業を起こすかの研究を始めた。そして、この研究を通じて、外食産業分野での起業を志すようになる。

自分には資産があったわけではありません。自ら資本を調達して起業する必要がありますから、小資本でできる商売である必要がありました。どうせやるなら、自分の好きな分野である外食で起業しようと考えました。（小嶋）

そう考え、さらに徹底して外食産業の店舗を調査し、五〇業種の損益計算書をシミュレートした。その結果、利益率が高く、技術習得分野の幅が少ない寿司店に着目した。大学卒業後、大阪一の名門寿司店で味と技を学ぶとともに、大阪で一番価格の安い屋台で商品の値ごろ感も学び、さらに近親者を説得して資金を調達し、大阪十三の地に四坪半の寿司店を開業することになった。

何をするのでも場でせよ、とよく母親から聞かされました。立地選定は企業にとって重要だという意味です。じつは最初、大阪一の寿司激戦区である天満か曽根崎で創業しようと考えました。最も競争の激しい立地で商売をするからこそ実力が磨かれます。一般的には楽の途を選んでその逆をやってしまうのです。しかしなかなか空き物件がなかったので、当時の天満や曽根崎と並ぶ激戦区である十三の地を選びました。（小嶋）

名立たる寿司の名店がひしめくのが大阪の十三である。当然ながら、誰もがそれぞれのなじみの店を持っている。新参者が割り込んでいったとしても、普通の商いをしていたのでは、当然信頼を獲得することはできない。そこで当時の外食業界の常識に挑戦することになる。

それは〝定価表示〟と長い〝陳列ケース〟という、当時から小売業では当たり前となっていたコンセプトを外食産業に持ち込むという考えであった。生粋の寿司職人としてではなく、高校生のときから小売業に身を投じるとともに、大学の経済学部でビジネスの基礎を学びながら市場をつぶさに観察してきた経験からの発想だ。

当時の寿司店には今では当たり前の定価の表示がなく、食べている本人が自分の会計がわからない状態であった。当然ながら安心して食事をすることができない。そのうえ、魚は相場商品であるため、季節や天候で素材の価格が大きく変動する。相場構造という理由から、同じ商品でも日によって価格が違う寿司を食べることになる。そこで修行時代から頻繁に市場に通って魚種別の価格推移を調査し、そのデータをもとに収益を確保できる平均値を求め、寿司の定価を決定して店内にそれらを表示したのである。

また、顧客が陳列ケースの中に入っている素材を見ながら寿司ネタを注文できるようにした。当時の寿司店には、この陳列ケースのない店舗が多かったことから、思い切って大きな陳列ケースをカウンターの前に据え、どの席からでも陳列ケースを眺め、中にある魚を愉しみながら注文できるようにしたである。


当時は資金がなかったので、ガラス屋さんに頼み込んで陳列ケース業者さんの宣伝をする代わりに安く陳列ケースを作ってもらいました。このような努力をして出店コストをできる限り下げようと努力しました。（小嶋）

これらの革新的挑戦の根底には、生産者の視点からではなく、消費者の視点から寿司事業のポイントを把握するという観察眼があった。

このようにして、満を持して開業したのであるが、激戦区の十三で新参者が簡単に入り込む余地は当然にない。ましてや営業面積四坪半という大阪一小さな店である。最初の数ヶ月は泣かず飛ばずの状態がつづく。もともと少ない資金で創業したので資金繰りに余裕があるわけでもない。結果として、良い商品の仕入れを減らして資金負担を軽くするか、それともお客様が来なくても良い商品を仕入れ続けるかという選択に迫られたのである。

迷いはなかったですね。商売はいいものを仕入れ、精一杯の価格でお客様に提供することが本分です。〝よろずや〟での原体験があったので、これは確信に近いものでした。（小嶋）

◆創業の店である十三の店

しかし、この想いとは別に資金はどんどん流出していく一方で、お客様はなかなかつかない。創業以来、コスト負担を減らすために店の屋根裏を寝床にし、すべてを切り詰めていたが、資金の流出は止まらない。数ヶ月がたったところで〝もはやこれまで〟と半分観念したところ、お客様が急に店頭に溢れ出した。

他にたくさんの店があるなか、苦しいときでも良い商品を置き、一人ひとりへの精一杯のおもてなしが徐々に評判を呼び、一気に支持を集めることになった。がんこの店の前には行列が絶えず、入ることすら難しいという大繁盛店へと成長したのである。そして、この創業の店での成功が、その後の成長の基盤を形成することとなった。

創業の店が順調に軌道に乗ってきたころ、がんこに大きなビジネスチャンスが訪れる。それは、十三の目抜き通りに位置する一二〇坪の物件を営業してみないかという話が持ち込まれた。

大きな試みでした。当時、出店資金の一〇分の一しか手元資金がないという状況でした。魅力のある話でしたが、越えるべきハードルがかなり大きいと実感しました。（小嶋）

越えなければならないハードルには二つの意味があった。第一のハードルは資金である。建設費二、〇〇〇万円の負担に加え、当時の物件に残っていたパチンコの設備買い取りという条項が付いていたのである。営業に活用できない資産を買い取るため、最初から大きなハンディキャップとなることは明らかであった。

第二のハードルは寿司店における独特の労働生産性構造である。寿司は注文を受けてから握る必要があるため、寿司職人一名の生産可能数は限られている。一般的には、大型店を出店すれば規模の経済が機能して収益性が向上するが、店舗が大きいほどたくさんの職人を雇用する必要がある寿司店で、一二〇坪という営業面積はあまりにも大きかったのである。

そこで小嶋は、二つのハードルを乗り越えるために行動を起こす。まず家主と交渉し、本来預け入れるべき保証金を家主から借りるという形を取る。本来一、〇〇〇万円のところをまず五〇〇万円にしてもらった。次に、営業開始後の収益の一部で不足分の五〇〇万円を積み立て、数年後で合計一、〇〇〇万円を積み立てるという契約を取り付けたのである。

当時としてはかなり常識外の提案だったので、交渉はスムーズにはいかなかった。しかし、困難を承知で粘り強く説明し、ついに家主の了解を得ることができた。家主との交渉は成立したものの、それだけで開店資金をすべてまかなえたわけではなかった。不足資金を調達するため、都市銀行、地方銀行、信用金庫など、あらゆる金融機関をまわって資金調達を試みた。しかし、どの銀行も回答は「ノー」、投資リスクが大きすぎるという判断である。困り果てた末に、一縷の望みを託して地元で最も小さい金融機関に融資を申し込んだ。これでだめならあきらめようと腹をくくって臨み、結果として何とか融資の了解を取り付けることができた。

最初はなぜ融資の了解を取り付けることができたかわかりませんでした。しかし後日聞いたところによると、この金融機関の非常勤理事ががんこの常連で、「あの店はまじめに商売をしているから融資をしても問題ない」と太鼓判を押してくれたそうです。この一件で改めて、企業の根幹は人であり、信頼であり、愚直な商いに対する姿勢だと学びました。（小嶋）

やっと第一の関門をクリアしたものの、これで新店を出店できるわけではない。寿司店の労働生産性構造をクリアするというハードルがまだ残っている。

そこで着目したのが、地域の商圏特性と和食の生産構造である。当時の十三には製薬メーカー、機械メーカーなどの製造拠点が多かったため、商業地であるとともに法人需要が多く見込める立地であった。そのため、三フロアーある物件の一つのフロアーを法人需要に対応できるように座敷フロアーにした。法人を中心とした顧客から予約を多く獲得することができれば、顧客の注文をあらかじめ把握できる。可能な限り営業開始前

◆二号店となる十三寿司店のカウンター

に下準備を行い、来店後に温かい料理や寿司などを調理して提供することで、顧客の需要発生と調理の同時性という問題をクリアできるようにした。

次に、店舗の一画に和食の厨房設備を備え、寿司店のメニューに焼き物、揚げ物、煮物などの和食メニューを加えることにした。寿司は、注文に応じて一つずつしか握ることができないが、焼き物や煮物は何人前かをまとめて調理することができるうえ、いくつかの料理はあらかじめ調理でき、注文を受けて温めるだけで提供することも可能になる。また、普通の寿司店であれば寿司や造りしか注文できないが、和食もあるために利用動機は広くなる。このような手法を積極的に導入して、三フロアーで一二〇坪という大型店に挑戦し、その後の大型出店の基本モデルとなっていった。

多店舗化と撤退——企業の座標軸

十三を中心に順調に営業を展開しているころ、ある筋から「スーパーマーケットの中に寿司店を出してみないか」という提案を受ける。当時、新しい事業展開を検討していたので、それは非常に魅力的な提案であった。スーパーマーケットは集客力に魅力があるうえ、通常の寿司店はイートイン（店舗内での飲食）売上が主であるが、スーパーの場合、持ち帰り（テイクアウト）の需要が多く見込める。寿司店の「売上は客席数に既定される」という制約をクリアすることも可能となり、投資効率よく集客できる可能性がある、がんこは多店舗展開に向けて何名かのスタッフを採用し、その専門部署も設けて出店体制を整備した。目論見どおり、テイクアウトの寿司店は大きな支持を受け、順調に店舗展開をすることができた。そして、一九六五年から一九六七年にかけて二六店舗というハイペースで出店し続けた。

新しい事業としては上々の滑り出しであった。しかし、小嶋は「自分の目指す商いとしてこの方向で良いのだろうか?」という違和感を二つ持った。一つは経営に対する幹部の考え方、そしてもう一つが、従業員との距離感であった。

　このプロジェクトのために採用したメンバーは優秀であり、仕事も良くできた。しかし、店作りや商品作りを行う際、〝損得〟という議論が必ず先に出てしまう。たとえば、店舗に座席をしつらえる際に、座り心地や居心地を議論するのではなく、適度な座り心地の悪さを残したほうが客回転率が上がるのではという意見が飛び交うようになっていたのである。

　また、急速な多店舗展開を実現するために、以前よりも多くの人を採用する必要があった。創業以来、従業員との理念共有が経営の根幹と考え、〝ないない尽くし〟の環境ではあったが、営業終了後に更衣室で車座になり、松下幸之助の『商売心得帖』などの商いの基本について書かれた書籍を題材にしながら、自分たちのあるべき姿勢について従業員と議論をし、考え方や一体感を養うという組織作りを基本理念としてきた。しかし、人と人との信頼関係やつながりが希薄になっていく組織に対して「これでいいのか？」という想いが大きくなっていった。

　そこで、事業としては順調な滑り出しであったものの、最終的に〝テイクアウト事業からの撤退〟という大きな意思決定をしたのである。当時、三年足らずで三〇店舗近くにまで拡大した事業を売却するということは苦渋の決断であった。誰でも一度つかみ取った機会は簡単に手離したくないものである。

企業とは、自分たちがこうありたいという理想を掲げ、それに向かってともに歩んでいくということが重要だと思います。その理想は企業ごとに違うでしょう。ある企業にとっては世界一の規模であり、ある企業にとっては世界最先端の技術かもしれません。私たちがんこにとってそれは〝家族的な温かみを持った組織〟であり、〝何よりもお客様のご満足を考える企業〟というものです。仮にあのままテイクアウト事業を拡大していけば一定の成果を挙げることができたとは思いますが、理想と違う方向に向かうのであれば勇気をもって引くこともまた商いの道と考えました。（小嶋）

この決断は痛みを伴った。がんこの決断は、テイクアウト事業を始めるときに参画した従業員や、当時店舗で働いている従業員から見た場合、せっかくこれから成長しようというときに身売りをするのかということになってしまう。一九六九年の当時と言えば、まだM&Aという言葉も一般的ではなかったころである。その時代に事業再編が目的とはいえ、うまくいっている事業を手放すというのは相当に大きな意思決定であった。

第2章

がんこ寿司から、がんこフードサービス株式会社へ

大阪の十三で寿司店を成功させ、飲食店としての命脈である〝繁盛店〟を確立することができた。ここから事業展開の選択肢は大きく二つに分かれる。自分の分身的店長を作り、数店舗の繁盛店を目指す飲食店の経営者になるのか、あるいは多店舗展開とともに人材育成、購買や製造などのインフラを整えて企業経営していくのか、経営者として大きな分水嶺である。

多店舗化の企業経営を志す経営者は多いであろう。しかし、実際に企業として成功し、数十年にわたって事業を維持向上できる外食企業はほんの一握りであり、その一つががんこである。その事業基盤をがんこはいかに確立したのであろうか？

付加価値と効率の両立

一九六九年にテイクアウト事業から撤退し、十三の地に戻って再出発したがんこは、テイクアウト寿司店のような標準化されたフォーマットでの展開ではなく、おいしさを機軸とした事業展開に絞ることを決意する。創業時には寿司業界に定価という概念を持ち込むとともに、和食との複合店舗の開発や法人需要などを吸収できる宴会フロアーを備えるなどの革新的な手法で成長してきたが、おりしも外食産業勃興期であり、市場にどんどん競合店が出店してくる中、良い立地を確保するとともに仕入れのスケールメリットを形成し、おいしい商品を安く販売するためには一定以上の企業規模が必要になってきていた。

ある程度、寿司事業にめどが付いた時点で、新たな事業の柱を確立する必要性が出てきた。そんなおり、北海道で偶然に見かけた郷土料理店にあるインスピレーションを得て、寿司店に続く新たな事業を開発することになった。それが、後に〝居酒屋〟と称されるようになった〝炉端焼き〟のルーツである。

その郷土料理店では、氷を敷き詰めた陳列ケースに漁港や畑で取れた新鮮な素材をディスプレイし、お客様が自分の食べたいものを選んで注文するのです。調理場では注文を受けた料理を炭火で焼き上げ、カウンター越しにお客様に提供していました。この形態を見て、寿司事業とのシナジー効果が上がるとともに寿司の持つ限界を克服できる業態の開発が可能だと直感しました。（小嶋）

寿司であればシャリの炊き方、魚のさばき方や握り、押しなど様々な技術ジャンルが存在する。しかし、収穫したままの野菜や魚、干物を陳列して焼くだけであれば、寿司を握るよりもはやく技術習得が可能である。また、寿司店の場合は調理師が技術に特化した仕事であるため、大型店を出店する場合はマネジメントを行う店長が別途必要になる。しかし、それでは店の指揮系統が二元化してしまううえに人件費が膨らんでしまう。技術体系がシンプルな業態であれば、マネジメント職を志向する若手社員が比較的早期に技術習得し、店長兼調理長として店全体を一元管理することが可能になる。このようにして寿司店の持つ人的な限界をクリアすることができると考えたのである。

がんこは寿司店を母体にしている。魚に関してはある程度のスケールメリットをすでに確保できる規模にあるうえ、鮮度管理には十分な技術を持っていた。寿司店で使用する食材と同じものを新しい店で使うことで寿司店並みの品質を確保できる。その素材をシンプルな焼き物や揚げ物にすることで、素材本来の旨みを損なうことのない料理にするとともに、技術者の数が少なくても良いので、寿司店よりも人件費を安く抑えることができる。

結果として、寿司店で提供される品質の高い商品を、寿司店よりもはるかに安く提供できる。そして、複雑な価格体系ではなく、均一価格に近いほうがわかりやすいだろうと考え、通常のメニューは一五〇〇円均一に絞り込んだ。今で言う〝均一価格業態〟の走りである。

このようにして、寿司に続く新しい事業の柱として開発した炉端焼きの第一号店を、満を持して一九七一年に梅田の地で開業した。新しいがんこの業態にお客様はどう反応するか、期待と不安が入り交じった開店であったが、開店してみれば長蛇の列ができ、交通整理のために警察が出動するほどの盛況を見せた。

飲食店の開業で警察が出動するほどお客様が並ぶということは想定もしていませんでした。これを見て「この業態は確実に成長できる」と確信しました。しかし、お客様のご注文が多すぎてオペレーションが間に合わず、お客様が料理をリレーしてテーブルまで届けてくれました（笑）。当時の飲食店はどこか牧歌的な雰囲気があったと思います。（当時炉端焼き業態の開発担当者で現社長の志賀茂）

梅田の店で成功を収めた後、メニューやオペレーションの見直しを繰り返しながら炉端焼きの出店をつづけたが、炉端焼き業態で二つの点に問題が浮かび上がった。第一の問題意識は作業システムである。この問題意識が、後にがんこ流セントラルキッチンの構想につながっていくのである。

多店舗化を進めるということは、多拠点に生産機能が分散するということです。少量多品種の商品をあつかう飲食店では、単純な多店舗化はいずれ人件費上昇要因となることは確実です。この問題をクリアするためには集中調理を行うセントラルキッチンが必要だと考えるようになったのです。(志賀)

第二の問題意識は動線問題である。炉端焼きは、単に食事をするというだけでなく、カウンターで食材を焼くというパフォーマンスを見て楽しむ業態である。料理をいかにスピーディーに提供するかという生産性の要素と、見て楽しむ付加価値の要素を組み合わせたオペレーションを考え、焼き上げた料理を調理師がそのまま櫂《かい》のうえに乗せて直接提供するというスタイルである。この企画は大いにあたり、炉端焼きの名物パフォーマンスになった。

従来の飲食店は調理場が料理をつくり、接客が提供するという二つのオペレーションが並立する構造でした。そのため、どうしても人件費率は上昇します。しかし、寿司カウンターのようにお客様に直接料理を提供することができればより効率的になります。しかし、従業員とお客様との間に焼き物を焼く〝炉《ろ》〟がある

◆炉端焼き店での櫂（かい）を使ったオペレーション

炉端焼きでは、従業員が手を伸ばしてもお客様に料理を直接渡すことができません。そこで、パフォーマンスと効率の両面を実現するために櫂を使用したのです。（志賀）

このような努力が功を奏し、炉端焼きの店舗数は順調に伸び、一九八〇年には一二店舗の規模にまで成長した。また、外食産業にとって重要な経営指標である〝FLコスト（材料費と人件費の合計）〟の効率が良い店舗として炉端焼きが増えた結果として、大型店舗を出店可能にする原資を生み出すことができるようになったのである。一九八〇年ころに、がんこは、今までの外食産業にはなかった大規模店舗の出店にさらに挑戦するのであった。

なんば本店の出店

一九八一年、がんこは長年温めてきた〝大規模店舗としてビル一棟すべてを飲食店舗にする〟という構想を実行に移す。当時の外食産業は、ハンバーガーショップやファミリーレストランのような標準化された店舗を大量出店する多店舗化戦略が主流であった。しかし、がんこはテイクアウト事業撤退の教訓を踏まえ、大規模店舗を少しずつではあるが大阪を中心とする関西地域に集中して確実に出店するという質的展開戦略を選択した。大型店舗ではあるが拠点数が少ないほうが、従業員との理念共有のための接触密度が向上するだけでなく、よりおいしい料理や上質なおもてなしを提供するための教育や管理にとっても〝確実で密度を濃く〟という出店が必要であった。

また、〝旨くて、安い〟という企業理念を経営戦略に置き換えるためにも、ビル一棟の出店形態は重要であった。飲食店で大きいのがFLコストであるが、固定費である家賃も大きなコストであるとともに損益分岐点を決定する重要な条件である。家賃を低く抑えることは、〝旨くて、安い〟がんこの目指す飲食店を実現するために重要な条件で

◆大型複合店の第一号「なんば本店」

ある。

家賃は当然立地と深い関係にあります。賃料の高いところには人がたくさん集いますし、安いところにはそれなりの理由があります。いい立地を押さえながら家賃を引き下げようと思えば、ビル一棟を借り上げるという条件で賃料総額を抑えることが方法として考えられます。たとえば、一階だけを借りると間口の条件が良いので当然坪当たり賃料は割高になりますが、ビル一棟全部を借りると仮に五階であっても自店の一階入り口を使用できるのですから、条件は格段に良くなります。損益分岐

点の低い店を作るために一棟借りのコンセプトは非常に重要なのです。（小嶋）

しかし、数百席に及ぶ大型店舗をお客様で満たし、かつスムーズに運営することは簡単なことではない。そのためには、営業面積を網羅できるだけの業態開発、大型店をスムーズにオペレーションするための運営システム、大型店を運営するための技術者育成など、多くのクリアすべきハードルがあった。十数軒の飲食店の集合体となったがんこを、外食産業としてのがんこにすべく、時を前後していくつかのプロジェクトが発足した。

がんこ流業態ミックス

最初にがんこが取り組んだのが、五フロアーを擁するなんば本店をどのような業態でラインナップするのかというテーマであった。既存の業態で寿司、炉端焼きはすでに存在する。しかし、これらの業態だけでは全館を満席にする来店動機を備えた店舗ということはできない。そこでがんこは、懐石料理を提供する料亭的要素と、お酒とともに楽しむ逸品を提供する割烹的要素を組み合わせた〝がんこ流和食〟を考案した。

料理の価格とおもてなしや素材の品質は基本的に比例します。仮に日本一の料理を作りたければ、日本一高い素材と日本一技術力の高い職人を揃えることで実現可能です。しかし、がんこの商いとは「よりおいしいものをよりリーズナブルに提供する」ことであり、その料理を所得水準の高い人だけではなく大衆のお客様にも提供することが私たちの使命だと考えました。そのためには、〝旨くて、安い〟を実現するがんこ流和食の開発が必要だったのです。（小嶋）

そこで、がんこはまず伝統的な懐石料理のオペレーション自体を組み替えた懐石料理のスタイルを考案した。従来の懐石提供スタイルは、先付けから始まり、造り、吸い物、中千代口《なかちょこ》などおおよそ一〇品から一二品の単品料理を一皿ずつお客様に提供するスタイルであった。従来型の提供スタイルの場合、接客の工数は「料理の皿数×（提供作業＋下げ物作業）」となり、多くの接客コストが発生することになる。これに対して〝千歳〟というメニューは、お茶席で用いられる直径五〇センチほどの〝千歳盆〟に吹き寄せ、造り、酢の物など数品を入れ込んで一回で顧客に提供にすることで往復回数を減らし、接客コストを懐石料理の約半分に抑える設計にした。

◆がんこ流懐石の一つである“千歳”（左前方が千歳盆）

さらに、本懐石の中から吹き寄せ、造り、お食事などの主要な要素のみを取り出し、お膳のうえにすべてしつらえてお客様に提供する〝膳懐石〟とでも言うべき〝花月膳〟というメニューを開発した。これらのラインナップによって、がんこの和食は五、〇〇〇円から一〇、〇〇〇円の〝本懐石〟、三、〇〇〇円から五、〇〇〇円の〝千歳〟、二、〇〇〇円から三、〇〇〇円の〝花月膳〟の三ラインアップを持つ業態となった。従来の懐石料理が単価一〇、〇〇〇円からということを考えると、がんこの和食はかなりリーズナブルであるということができる。

和食業態の業態確立にとって、寿司と炉端焼きは重要な要素であった。懐石料理を中心とする付加価値の高い料理を提供する場合に生じる問題は、素材の歩留まりである。たとえば、ブロックで仕入れたまぐろを懐石料理の造りに使用する場合、すべての部位を使用できるわけではない。当然、筋の多い部分や脂の乗っていない部位など、懐石料理の素材として使えない部分も多くあるのである。

和食、寿司、炉端焼きを持っていることがこの問題を解決しました。筋が多い部分は赤み部分だけを削り落とすことで鉄火巻きの芯として活用可能ですし、懐石料理としては適さない素材であっても炉端焼きの造りとしては十二分に品質の高い素材として使用することができます。こうして素材を目的に応じて融通しあうことで素材のロスを最小限に押さえ、他店に対して優位な商いを実現することができるようになっていくのです。（小嶋）

この考え方が、それ以降のがんこのプライベートブランドによる素材開発の原点となっていく。

コラム……がんこの言葉

きれいなだけでは叱られます。「料理は力や!」

がんこの料理コンセプトを表す〝料理は力や!〟という言葉があります。テレビCMで流れていたので、今でも多くのお客様や従業員がその言葉を覚えています。お客様とお話すると、たとえ他の話題でも、料理についての話になるとその話をすることは少なくありません。〝料理は力や!〟という言葉には、従来の和食の概念を変えることで、よりお客様にとってお値打ちのある料理に仕上がるとともに、店にとってもよりスムーズに、より高収益になるという〝三方よし〟の考え方が根底にあると思います。

私なりの実践例をお話したいと思います。がんこの懐石料理は、「コースの中に〝三つの山〟を作る」という考え方で考案されています。私も経験したことなのですが、従来の懐石料理ですと、食事を終えて「さあ帰りましょう」となった段階で、具体的に「何を食べたのか?」を思い出すことができなく、ただ漠然と「おいしかったなあ」としか感じられなかったことがありました。たしかに伝統に即した形なのですが、お客様には感動を与えられていないのです。懐石料理のコース全体を食べた後に、お客様が後

で食べたものを振り返ったときに、「おいしかったなあ」と印象に残ったり、感動を与えられるような料理を提供しなければならないということです。

当初は「吹き寄せ・造り・台の物」の三つを印象に残るよう特徴づける演出を心がけていました。しかしそれから試行錯誤を繰り返し、二八年が経った現在は、「煮物椀・台の物・椀物」に〝三つの山〟を表現するようにしています。

具体的に言うと、煮物椀は、お吸い物的な感じではなく具材をたっぷりにすることで、だしの香りとともに食材で季節感を味わっていただけるようにしました。また、台の物はがんこの懐石料理のメインですので、とくにボリューム感を大切にしながら、見た目からも季節を感じることができるような演出を心がけています。料理はもちろん、道具立てや提供方法も堪能していただけるように工夫しています。そして椀物は、魚介類と季節の野菜との取り合わせに細心の注意を払いながら、蒸したものを餡かけ料理にして味と歯ざわりを味わっていただけるようにしています。

懐石料理では、これらの三つの山で〝力〟を表現しているのですが、どんな料理でも、その〝力〟の前に〝圧倒的〟〝絶対的〟〝どこにもない〟などの言葉がつけられるようにしていくことが、これからの私たちの使命だと考えています。こだわりの素材や心のこもったおもてなしに、私たちの〝調理技術〟と〝想い〟を加えることで、本当の意味での〝料理は力や！〟が実現されるのです。そして、この想いの実現と技術力の継承が私たちのやり甲斐であり、これからの課題です。（執行役員調理部長　下村　良）

大型店舗を支える「がんこ流セントラルキッチン」

メニューの開発や料理の提供方法を変えただけでお客様に〝旨くて安い〟と思っていただける価格を実現できるわけではない。調理場のオペレーションや素材の効率的な仕入れ、加工などの問題もクリアしなければならないことが多くある。そこで、和食店であるがんこにチェーンストアシステムの要であるセントラルキッチン導入を決意する。しかし、そもそも標準化や単純化の中核であるセントラルキッチンを付加価値や多様性を志向するがんこが導入することは、矛盾にはならないのであろうか？

料理のコストを抑えるためには、多数の店舗で行われている作業を一ヶ所に集中し、店舗に必要な従業員数を少なくすることが必要になってきます。一般的なチェーン店であれば、セントラルキッチンで集中加工して店舗の技術者を不要にするという方向になるのですが、がんこは料理の付加価値に軸足を置いているため、単なる人員削減を行うべきではないと考えました。その結果、がんこのセントラルキッチンは高い技術を持った調理長や調理師を配置して高い品質の料理を店舗に供給する〝集合調理場〟ということを主眼に置きました。（小嶋）

がんこのセントラルキッチンの狙いはそれだけではなかった。

炉端部門のコンセプトはいかに上質な素材をシンプルに調理するかということでした。そのためには技術力を必要とする仕事をセントラルキッチンで行い、比較的習熟を必要としない仕事を店舗で行うことで、技術者が少ないという問題をクリアすることにしました。和食の戦略と炉端のニーズを旨く合致させ、セントラルキッチンがより全社的に活かせるということを考えました。（志賀）

しかし、いかに高度技術者をセントラルキッチンに配置するとはいえ、お客様が食事する前に作り置きすると、風味が飛んでしまうなどの品質劣化がどうしても発生してしまう。そこで、加工工程を分割し、下処理工程をセントラルキッチンで、そして仕上げの工程を店舗が担当するようにした。

料理はだしを引いたり火で焼いたり、蒸気で蒸したりすることでおいしさがさらに引き立ちます。がんこの場合、店舗に技術者を配置するという考えですから、他の会社のように全員がパートさんないしは技術者の数が少ないという店舗はありません。店舗にいる人たちの技術力が最大限発揮できるように、〝最後の一手間〟工程を現場で担当することで、料理の完成度を高めるようにしました。（小嶋）

このようなコンセプトのもと、和食、炉端店の展開にあわせ、一九七八年に物流拠点を兼ねて本格的なセントラルキッチンを大阪市内に開設した。満を持して開設したセントラルキッチンではあったが、店での調理技術と違う大きな課題がいくつも出てきた。たとえば真空調理と通常調理の違いである。セントラルキッチンで商品を作って店に送る場合、大量調理をして味がぶれない真空調理法が適している。しかし、真空調理法は従来のレシピや調理法が通用しない。

◆二〇〇四年に稼動を始めた現在の「がんこ商品センター」

たとえば、セントラルキッチンで、煮物を炊く場合、従来通りの調理法で炊いた煮物では衛生上、そして品質管理上問題がありますので真空調理を行います。店での調理では食材を直火炊きしていたものが、真空調理という調理法になると今までのように味の煮つまり具合いを考えて調味料を追い足し、商品の味を作るという方法論は通用しないのです。加熱前に一回密封すると開封できないので、加熱する時間と温度管理を考慮して調味料の配合を決めなければなりません。そのため、通常店で料理を作るときとは違う配合で同じ味を実現する必要があるのです。私も店からセントラルキッチンに配属に

なったときにこの問題に悪戦苦闘しました。（統括調理長でセントラルキッチンの責任者を兼務する竹中扶志）

実験を繰り返し、こういった問題を一つひとつクリアしながら、日本料理の味をセントラルキッチンで調理する技術を組織的に蓄積していった。
また、セントラルキッチンを導入するときの大きな課題は調理師の技術力維持である。店舗ですべて調理する場合であれば問題はないが、セントラルキッチンで調理するということは、そのぶんだけ調理作業の種類も頻度も少なくなる。その結果、店に勤務する調理師が技術を習得するために、従来よりも多くの時間を必要とするというデメリットが想定される。そのため、がんこはトレーニング場所としてもセントラルキッチンを捉えることになった。

作業効率を追求するために、セントラルキッチンとしてどの段階までの商品を作るべきなのか、また、おいしさを求めるために店舗での調理作業は何を行うべきなのか、これを明確にしなければなりません。食材の一次加工はセントラルキッチンが行います。その場合、店では基礎の調理技術を習得できません。私はそのことが現場の調理技術低下を招くことになるのではと危惧しています。ゆえに、セントラルキッチンにトレーニング機能をプラスする必要があると考えています。セントラルキッチンの作業量ならば小型店の作業の一年分を一ヶ月足らずで行えます。ローテーションを組めば、一年で何人もが短期間で基礎技術を習得することが可能です。後は店舗で応用技術を習得すれば、調理技術力は格段に向上するはずです。（竹中）

このように操業を開始したがんこのセントラルキッチンであるが、その基本となるコンセプトは創業期にまで遡ることができる。それは、まだ十三本店、十三寿司店、服部寿司店、梅田コマ横店の四店舗で営業していた一九六九年である。この時点で、がんこはまだ未成熟な形ではあったが、セントラルキッチンの実験を開始している。店舗で使用するポン酢やあわせ醤油などのたれ類を十三本店の地下で集中加工して各店舗に配送していたのである。

調味というのは会社の味を決める重要な要素です。既製品を用いるのではなく、これらをいかに高いレベルの味に仕上げるのかが外食企業の付加価値を決める大きな要因となります。セントラルキッチンを単に効率を向上させるための場所と捉えるのではなく、付加価値を上げるための場所と考える必要があると思います（小嶋）

付加価値向上と効率化を個別に考えるのではなく、一体として考えるということの発想は、現在のサービス産業が直面する問題の源流とも言うべきものである。

コラム……………がんこの留学

営業店からセントラルキッチンに来て

こがんこ園田店からセントフルキッチンへ配属になりました。配属の理由は短期留学で、上司から「短期間で集中して加工技術を勉強することで、店だけで仕事をするよりも早く技術を身につけることができる。そしてその経験を現場で生かし、早く調理長になってほしい」と言われました。今まででもセントラルキッチンへ行き、魚の三枚卸しの手伝いを経験したことがありましたが、当時は自分の仕事に精一杯で、他のことまでは全然目が届いていませんでしたので、辞令をもらったときの正直な気持ちは、仕事を教えていただけるという期待と自分でいいのだろうかという不安が半分半分でした。

セントラルキッチンに異動すると、僕の技術習得のために六ヶ月間のスケジュールが組まれていました。中にはまぐろの解体など店では覚えられないような仕事も多くあり、店での作業との違いに驚くとともに、技術レベルだけでなく技術の幅も広がると実感しました。また、セントラルキッチンの衛生管理態勢にも驚きました。専用ユニフォーム着用後に作業を行う部屋に入るのですが、ローラーで服の塵を取らないと次に進めない、エアシャワーを通らないと進めない、手洗いとアルコール消毒をしないとドアが開かないなど、すべてが仕組みになっているのです。

実際に作業をするにあたって、まずは「量の感覚に慣れる」ことから始めるために、比較的簡単な作業を手伝わせていただきました。そして慣れてきてから本格的な作業にかかりました。店での作業の一〇倍くらいの量を毎日こなさなければならないので大変でしたが、どうすれば早く作業ができるのかを一つひとつ丁寧に教えていただいたこともあり、本当に早く覚えることができました。

作業をある程度こなせるようになってから一つ面白いことがありました。店でフェアーを開催するために一時的に店に戻る機会があったときに、なぜか今までと違う感覚で店が見えました。後で上司にその話をすると「店にいるときは、店の感覚しかわからないけれど、立場が変われば店で感じること以外のことが見えるようになり、わかるようになる」とのことでした。（セントラルキッチン　馬越航平）

幹部候補の育成――新卒社員の採用とトレーニングセンター

新しい業態開発やセントラルキッチンのようなシステム導入はアイデア、技術力、資金があれば実現可能である。しかし、優秀な人材の採用と育成はがんこのみならず、どの企業にとっても大きな課題である。外食産業、とくに寿司和食店の人材は、「いくつかの企業をわたり歩いて技術を身につける」という思想の色濃い業界なので、人材の流動性が高い。常に新しい人材が流入するとともに育成した社員が退社していく新陳代謝が激しいため、会社の理念の共有や帰属意識を醸成することが非常に難しい。そのうえ、調理師の世界には「部屋」と言われる同業者組合的な組織が存在する。

当時の調理師はまず同業者組合に所属し、職業紹介所の機能を併せ持つ部屋から企業を紹介されて勤務するという慣習があった。会社と部屋、というダブルスタンダードの存在は、流動性の高さとともに日本料理や寿司店を営む企業にとって帰属意識、理念共有を妨げる高いハードルとなっていた。

また、寿司と和食を共存させる戦略は、がんこ特有の問題をもたらした。日本料理という広い概念で考えた場合、寿司と和食は同一分類であるが、寿司と和食の専門性を深めていこうとするときは、二つの組織は独立して運営したほうが良い。しかし、一つの飲食店の中に二つの製造部門が並存するという非効率も同時に生み出すことになる。このジレンマを解決するためには、専門性を深めながらともに協力し合う組織を創造するしかない。そこでがんこは、当時部屋からの派遣が主流であった調理師の採用制度を改め、新卒調理師の採用育成を始めることとなった。

当時の調理師は〝技術は見て盗むもの〟という常識がありました。そんな環境にいきなり新入社員が入っても、なかなか技術習得が進みませんし、そのような環境であれば学校も進んで入社を勧めようとすることはありません。しかし、調理技術は切断、加熱、調味などの基礎的な技術を構成しているわけですから、標準化して教えることが可能ではないかと考えました。そこで五年で学ぶところを三年で習得可能にする技術教育の仕組みを作ることにしました。（小嶋）

まず始めに、寿司を握る、巻き寿司を巻くといった寿司の基本技術の標準化に取り組んだ。寿司の握りはたしかに習熟を必要とする作業ではあるが、熟練技術者が寿司を握る工程を手や指の動きにまで分解してマニュアル化することで、寿司の技術を盗んで覚えるのではなく、訓練によって習得することを可能にしたのである。

この寿司技術を標準化するため、がんこの寿司調理師から技術力の高い者を選び、彼らの握りや巻きの工程を観察してマニュアル化した。このマニュアルをもとに、若手従業員に対して寿司講習を定期的に開催して早期育成を図った。始めた当時の記録は残っていないが、二〇〇九年に寿司マニュアルと集中訓練によってどの程度技術が向上するのか検証を行ったところ、週一回の頻度で合計四回、三六〇分の寿司講習で握りのスピードは一〇個平均一二〇秒が六〇秒に、計量器を使用せずにシャリ一五グラム（寿司米）を取る作業の誤差は平均±三グラムが一グラムに改善したことが明らかになった。寿司講習は熟練従業員の経験を工学的アプローチで標準化し、従業員の教育支援に活用する先行事例である。

この考え方をさらに発展させ、一九八七年には、本社内にトレーニングセンターを開設する。和食や寿司の若手調理師が入社後四年間で習得するべき技術を整理、マニュアル化して教本を作成し、定期的に本社の研修センターで研修を受けるようにした。教える側にも〝技能から技術に〟の掛け声のもと、職業訓練指導員や専門調理師などの資格を積極的に取得させ、調理師としての経験を科学的・工学的に説明できるように育成した。そして現在に至るまで、随時形式を変えながら技術習得教育を進化させているのである。

がんこ成長の基盤――大型複合店の確立と展開

これらのシステムをすべて整備してから出店したわけではないが、多店舗化、大規模化が難しいとされる日本料理や寿司業態での展開を進めていたがんこの挑戦の先鞭として、なんば本店を一九八一年に開業させた。しかし、現在五フロアー、約五〇〇席からなるなんば本店をいきなり全フロアー開業させたわけではない。システム面だけではなく、どの程度の集客ができるのか、料理やおもてなしのオペレーションはスムーズに運営できるのかといった店舗運営面でも大きな課題が山積していた。

また、当時の企業規模でのなんば本店出店は社運をかける大型投資であったため、簡単に資金調達ができたわけではない。金融機関も必要資金を全額融通することに躊躇するほどの額であり、がんことしては〝勝負の投資〟であった。

私はこの店とコンセプトでいけるという自信はあったのですが、金融機関は投資の大きさや失敗した場合のリスク面を考慮して投資計画全部の実行に賛成というスタンスを取りませんでした。しかし、事業を飛躍させるときというのは自分たちの可能性を信じ、思い切って投資を実行することが必要です。このような決断と同時に、勇気と蛮勇はまったく異質なものだということも理解する必要があると思います。ですから、新しい業態の開発、セントラルキッチン、人材の採用育成などの政策を平行させて進めました。なんば本店の成功が、がんこの外食企業としての基盤を作ったことは間違いないでしょう。(小嶋)

したがって、当初はなんば本店を地下と一階の二フロアーで部分的に開店させた。このなんば本店の出店と前後して、がんこはもう一つの挑戦を始めた。それは当時珍しかった大卒社員の幹部候補としての採用である。

当時の飲食店は〝水商売〟と言われる事業でした。当時の大卒社員と言えば花形の就職先は商社や銀行です。創業を志す人を除いて「このビジネスで身を立てよう」と考える人の比率は本当に少なかったと思います。しかし、水商売と言われた飲食店を〝外食産業〟として多店舗化していくためには、調理師や店長だけではなく、たとえば人事や経理、食材の調達や店舗開発など、システムや組織を

運営できる人材の確保が必須条件となります。今後、よりがんこを飛躍させるために、大卒社員の採用に踏み切りました。（小嶋）

しかし、想いだけで簡単に幹部候補生が採用できるわけではない。企業として着実に成長していく事実を積み重ねていくことが採用の王道である。着実に出店を重ねながら採用活動を進め、なんば本店の出店を三年後に控えた一九七八年ころから徐々に大卒社員が採用できるようになってきた。

私はサラリーマンになるのではなく、自分自身で起業するつもりでした。どの道で身を立てるのかと考えたのですが、自分自身食べることが好きだったので、飲食業界に入って居酒屋などの経営のノウハウを学び、独立しようと考えました。ちょうどそのときに大学の先輩が外食企業を経営していると聞き、興味を持って訪問したのが〝がんこ〟だったのです。（大卒入社一期生で現在副社長の東川浩之）

東川は入社後すぐに店長職やスタッフに配属されるのではなく、炉端焼き業態の庄内店、寿司業態の宗右衛門町店に調理師として配属された。東川が独立志望だったということを考えると大卒社員の調理場配置は首肯できる配置だが、がんこにはもう一つの考えがあった。

頭でっかちの幹部を作りたくはありませんでした。商売の基本である「おいしい料理をお客様に提供する」ための原点は料理ですし、何より現場で汗を流している調理師や洗い場さんの気持ちをわかる幹部を育てる必要があります。また、飲食店の店長は〝営業所長兼工場長〟という性格がありますから、なんば本店のような大型店を運営するためには調理のことも理解できる幹部を育成したいという思いがありました。（小嶋）

今でこそ経営学の分野では現場主義をＭＢＷＡ（Management by Walking Around）と称して経営の根幹に据えられているが、よろずやや創業時の体験を通じて、感覚的に現場主義の重要性を認識していた。この考え方は現在まで踏襲され、大卒社員は現場から配属されるというルールになっている。

がんこはこの時期にもう一つ重要な人事上の挑戦をしている。それはなんば本店開業に伴って現場でナンバー2となるマネージャーとして配属した東川を、一年間ホテルに派遣して大型施設の運営ノウハウを学ばせたのである。

一〇席のカウンターしかない寿司店であれば経験で運営ノウハウが身に付くと思いますが、大型店舗の運営は〝勘と経験〟だけでできるわけではありません。将来大型店舗を多数展開するためには、先進的なサービス産業のノウハウを吸収して自社に取り込み、独自のノウハウを確立する必要があると考えました。たしかに当時のがんこにとってなんば本店は大きな挑戦でした。しかし、がんこの成長を考えると、目の前の成功にのみ執着するのではなく、より大きな成果のために思い切った意思決定が必要だと考えたのです。（小嶋）

人・業態・システム、これらを着実に確立しながら挑戦したなんば本店の出店は結果的に大成功を収めた。当初二フロアーであったなんば本店は、その半年後には二、三、四階をフル開店させることができた。その後、三条本店（約五五〇席）、枚方店（約三五〇席）、道頓堀店（約三〇〇席）、梅田本店（約五〇〇席）など、ビル一棟をすべてがんこが運営する大型店舗を出店させた。現在この形式の店舗は十二店舗にまで成長している。

第3章
がんこにおける生産性向上への挑戦

衣食住を支える〝生活サービス産業〟の一角を占めるのが外食産業である。二〇〇八年現在の売上高は約二五兆円、従業員数は約四一〇万人に達し、全就労人口の約七％を占める巨大産業となっている。規模的には日本の基幹産業へと成長した外食産業であるが、生産性が非常に低いという課題を抱えている。サービス産業では効率化を追求すると付加価値やおもてなしの品質を犠牲にするという考えが根強いため、生産性向上に正面から取り組む企業が製造業と比べてこれまで少ないというのが現状であった。

このような事業環境のもとで、がんこはどのように生産性問題を捉え、そしてそれに向けてどのように取り組んできたのだろうか？　この章では、がんこの生産性向上に向けた取り組みの歴史に迫っていく。

小売業から製造業に――他にはない価値の追求

生産性向上というキーワードが出た瞬間から、現場で〝効率化〟という単語が飛び交う。たしかに生産性向上のためには効率化が重要であるが、事業の目的は「お客様が求める価値の創出」である。がんこの基本スタンスは単純明快である。お客様においしい料理を提供する。しかも安くである。がんこは理念として〝旨くて、安い〟という言葉を掲げるが、この順番が重要である。ときどきがんこの理念を〝安くて、旨い〟と誤って表現されるときがあるが、がんこの従業員は必ず語順を訂正する。目的はおいしいものを、それをお客様にお安く提供するための努力を、という理念の発露である。がんこがいかにおいしいものづくりに挑戦してきたのか、その背景をここから追う。

添加物を使用しない日本酒「がんこ一徹」の開発

「世の中にないのなら、自分たちで作るしかない」――創業間もないころのがんこの決意である。寿司店を開業し、店舗数も徐々に増えていった段階で、がんこはある問題にぶつかった。それは食品産業の工業化の波であった。日本料理は素材に含まれるイノシン酸やグルタミン酸を味わうという特性上、日本酒などの醸造酒と合わせて食べられることが多い。

魚や野菜など、自然のものを使った料理には、醸造用アルコールを添加しない自然素材だけで作った純米酒が適しているのは当然であろう。このように考えるのはごく自然な流れであったが、日本が高度経済成長期の真っ只中であった一九七〇年代の潮流は、醸造用アルコールを使ってより効率的に大量の日本酒を作るという考え方が主流であった。本当においしい料理をお客様に提供するためには、醸造用アルコールを使用しない純米酒の提供が必要だと考え、酒造メーカーに純米酒の製造を依頼するが、市場拡大を優先する企業はこの考え方に賛同することはなかった。

外食産業と小売業との違いは、調理という製造機能を備えていることであろう。小売業はメーカーや問屋から仕入れた商品をそのまま販売するが、外食産業は素材を仕入れて自分たちの味に加工して販売する過程があるため、自社独自の価値で他社との差異化を実現することができる。同時にメーカーから仕入れるという制約上、素材レベルで見た場合、他社と根本的に異なる品質の素材で、他の外食企業との差異化を図ることはできない。自分たちの理想とする料理を提供したいという問題意識は、「自分たちで素材を開発する」という結論にいたった。今で言うプライベートブランドやハウスブランドの走りと言うことができる。そこでがんこは、酒造メーカーではなく酒蔵を訪ね、純米酒を造る協力先を探すことにした。しかし、当時の大量生産という潮流は酒蔵まで浸透しており、簡単に提携先は見つからなかった。

「本当においしい純米酒を作ろうというなら、一緒に挑戦しましょう」

こう申し出たのは奈良県の酒蔵であった。当時若手経営者であったその酒蔵の社長は、本当にいい酒を造って提供したいというがんこの思いに共鳴し、日本料理に合う日本酒の開発を始めた。奈良県は、豊潤な湧き水ときれいな空気、そして上質な米の産地であり、純米酒の醸造に適した環境が整っていた。しかし、いい環境があることと自社に合う酒ができることは別問題である。

がんこ独自の日本酒開発のテーマは非常に単純明快でした。〝店長全員がうまい〟という酒ができるまで改良を重ねるというものです。私も当時利き酒に参加したのですが、がんこの料理に合う酒に到達するには結構な時間がかかりました。しかし、市場にあるものではなく、自分たちの料理に合う味を創るという当時の努力が、数十年たっても風化しない今の〝がんこ一徹〟の味を創ったと思います。私はまだ店長ではなかったので正式に参加していませんが、当時の雰囲気は良く覚えています。まだ若かったですが、そういった場所でこそ商売の本質が学べるのではないかと考え、検討会に潜り込みました。酒を飲んでみたかったことも大きなモチベーションですが(笑)。(取締役営業副本部長の高橋俊文)

こうした努力を経て一九八〇年に、がんこブランドの日本酒である〝がんこ一徹〟が産声を上げる。添加物を一切使わないこの〝がんこ一徹〟は好評を博し、原料米である

◆がんこ純米酒「がんこ一徹」

山田錦を五〇％まで米を砥いだ大吟醸や日本酒を使った純米梅酒など、次々とラインナップを揃えていった。近年ではさらに〝他では飲めない味〟を追求し、山田錦を三〇％まで米を研いだ年間限定一、〇〇〇本生産の〝現代の名工大吟醸〟を完成させた。

企業の付加価値を向上させるためには、他の企業が取り組まないようなオンリーワン商品を開発することが重要だと認識していました。独自性のある商品を生み出すことができれば、顧客ロイヤルティーは大きく向上します。そのお客様が繰り返しがんこをご利用いただくことで店の収益性も大きく向上するでしょう。新しい付加価値を生む投資とお客様のご満足、そして店の収益や生産性は個別に追求するものではなく、それらと一体となって追求するものであるという確信を得ることができました。（小嶋）

創業時の問題意識から純米酒の開発に取り組んだ経験が、がんこの商品戦略の基礎を形成した。どこにでもある商品ではなく、がんこにしかない商品を作るという戦略は、共同開発から自社開発へと展開していくことになる。

世の中にない豆腐への挑戦

日本酒の開発をきっかけに、他社との差異化を実現するためには自社生産品を持つ必要があると決断したがんこは、日本料理に使用する食材で何が工場生産に適しているのかをリサーチした。その結果、豆腐を自社生産しようという考えに到達する。豆腐は、夏は冷奴、冬は湯豆腐や鍋のお供といった具合に季節を選ばない食材である。また、豆腐自体の味には強い個性がないため、和え物や揚げ物、煮物など、あらゆる料理ジャンルにも応用可能である。用途が多い分、大量に生産すれば生産効率も上げることができる。

豆腐の利点はそれだけではなかった。がんこが商う寿司や和食は、他の業態と比較すると原価率が高い業態である。とくに、魚は原体に対する使用可能部位の比率が低いため、歩留まりが低い。たとえば肉はブロックで仕入れた場合、歩留まりは約七五パーセントであるが、鯛を一匹仕入れて店で卸した場合、歩留まりは約三五パーセントである。そのうえ、魚は他の素材よりもいわゆる〝足の速い（傷みやすい）〟食材である。そのため、店で仕込みが終わった魚は急速に鮮度劣化を起こすため、多くのロスが発生する。

一方、豆腐の材料は大豆を蒸してから絞った豆乳と水であるため原価率が低い。また、豆腐の製造は豆の蒸し工程や豆乳製造など、ある程度の工程をプラント化しやすい。人間中心で作る料理よりも高い生産性を確保することができる。

一方、豆腐の自社製造には大きな壁があった。それは品質の差異化と技術者の確保である。豆腐の製造自体は豆腐製造プラントを導入すれば可能である。しかし、がんこが目指す自社製品のコンセプトは〝流通経路では手に入れられない味〟である。自社製造の豆腐であっても他で売っているような豆腐であれば、仮に生産性の高い製造部門を自社に持っても戦略上の目的を果たすことができない。ゆえに、「他の豆腐とはまったく違う」と思われる豆腐の開発が必要である。

そこで定めた目標が〝豆乳度は最も濃い水準であるが、天然にがりだけで凝固させた豆腐〟である。豆腐は豆乳濃度や豆の種類などによって甘みと風味が、にがりや豆の蒸し方などによって舌触りが決まる。いかに高い濃度の豆乳を作るかが勝負であるが、豆乳は濃度が高いと天然のにがりで凝固しようとした場合、固まり度合いにムラが出るという厄介な特性を持つ。天然にがりで固めたやさしい風合いを求めることは難易度の高い目標ということになる。スーパーなどで販売されている豆腐が豆乳度一〇パーセント以下、町の豆腐屋さんが一一から一二パーセント程度であるのに対して、がんこは豆乳度一五パーセントの豆腐を目標とした。

豆乳度一五パーセントの豆腐を凝固させるためには、にがりの量と投入のタイミング、投入後の撹拌（かきまぜる）方法が鍵となる。他社との差異化を実現するために必要になったのは、それを実現する〝技術者〟であるが、外食産業であるがんこの社内にそのような技術を持った人材がいるわけではない。そこで、従業員の中から豆腐作りに挑戦する人材を探し、時間をかけて豆腐の製造技術を確立することにした。

日本酒の開発でもそうだったのですが、まずこだわったのは「凝固剤を使って固めた豆腐は作らない」ということです。食品添加物を使うと豆腐の日持ちも長くなりますし、簡単に豆乳濃度の高い豆腐を作ることが可能です。しかし、私たちの扱う食材は自然にあるものが中心ですから、やはり添加物を加えない食材を造るのがベターだと考えました。そのため、試作には長い時間を費やしました。

何度も何度も試食を繰り返し、ついには豆腐を食べ過ぎて丈夫なはずのお腹を壊してしまいました。周りには「お腹を壊して豆腐を食べる人は見たことがあるが、豆腐を食べてお腹を壊した人は見たことがない」と言われたものです。（小嶋）

◆がんこ豆腐工房で作られた定番商品「おぼろ豆腐」

こうして試作を繰り返し、特徴のある豆腐作りにめどがついた段階で、豆腐工房の建設に着手し、一九八九年には自社豆腐の生産開始にこぎつけた。豆腐メニューの導入後、早速に「昔食べたことのある甘い豆腐」「豆腐は香りがないと思っていたが、こんなに豆の香りがするのか」など、非常にいい反応があった。豆腐の出荷は順調に伸び、発売して数年後には三億円を超える出荷高を誇り、がんこの中でも中心的な食材となった。

このご好評の声から、いくつかのアイデアが広がっていった。豆腐製品の中で商品価値の高いものの一つに〝湯葉〟がある。通常湯葉は乾燥した状態で販売されているが、生湯葉を作って店で提供すれば非常に好評を博するのではないかと考え、生湯葉の生産ラインを豆腐工房に追加した。また、製造過程で造られる豆乳にも着目した。豆腐を完成させて単に提供するだけではなく、豆乳とにがりの状態で提供し、食べる豆腐を自ら作る工程そのものを楽しんでもらえる商品を作ればいいのではないか？　そのアイデアから、〝豆乳ゆば鍋〟という商品が実現した。また、豆乳は牛乳に似た利用が可能な食材である。そう考えた場合、お菓子類やソースの原料として応用可能である。このような考え方から、〝豆乳杏仁豆腐〟や〝豆乳ばうむくーへん〟などの商品が開発された。

豆腐を自社生産することの効果は、外食と製造業の事業ミックスによる生産性向上や他社との素材差異化だけではない。〝豆乳杏仁豆腐〟や〝豆乳ばうむくーへん〟は比較的長期の在庫が可能であるため、物販や輸出など、外食以外の事業への展開も可能になる。つまり、豆腐の成功は、物販や輸出業務の事業展開につながっていったのである。

現在がんこは、さらなる品質向上に取り組んでいる。他の豆腐メーカーの技術力向上により、高付加価値の豆腐が多く出てきた。がんこは〝オンリーワン〟を追求するため、さらに豆乳度の高い豆腐を開発している。

コラム……がんこの商品開発

がんこ豆腐への想い

店舗勤務から豆腐工房に異動になったときは、豆腐作りなどまったく経験がなかったので不安でいっぱいでした。そんな中、従来の豆腐製造の技術を覚えながら他社にはないがんこ独自の豆腐を作るという新しい使命を課せられ、正直言ってあまり自信がありませんでした。

当時、ある豆腐工場からノウハウを勉強させていただいたのですが、天然にがりだけで高濃度の豆腐を作るというがんこの豆腐のコンセプトを形にすることや、技術的な様々な問題をなかなかクリアできませんでした。くやしくて、当時豆腐店をしていた親戚にも何度も相談に行ったのですが、それでも求めているものには全く程遠いものでした。そこで新しい味と技術を求め、東京や名古屋、九州などで開催されていた展示会に行ったとき、九州のメーカーの一社だけが、我々が求めるこだわりを実現できそうだということがわかりました。早速協力していただけるよう交渉し、度重なる実験の結果、技術的な問題は解決できました。

しかし肝心な「味」で小嶋会長（当時社長）からなかなかOKをいただくことができ

ませんでした。味の問題をクリアするため、手に入る他社の豆腐はすべて食べ、工房豆腐の試作品を作ってはまた食べる、を繰り返しました。ときには機械のトラブル対処のため、自分で交換部品を空港まで取りに行き、その足で工房に戻り、機械を直して徹夜で作業をしたこともありました。味が完成するまでの半年間で、試作した豆腐の種類は三〇〇を超えていました。

豆腐は「水・大豆・にがり」の三つ材料があれば作ることができるシンプルなものです。しかし、そこに温度をはじめ、濃度や量、加減などの要素が加わるとその組み合わせに限りはありません。その中で「これこそががんこの豆腐の味だ」というのを完成させたときはとても嬉しかったです。最初は仕事をやらされているように感じたことも多かったですし、また逃げ出したくなるようなことの連続でしたが、いつごろからか自発的にできるようになり、また豆腐を作る仕事が好きになっていました。そしてその経験が今でもとても役に立っています。現在はまた店舗勤務になりましたが、様々な苦労を経験したことによって豆腐への愛着は今でもずっと持ち続けています。ですからカウンターの中からお客様に「お勧めは?」と聞かれたら今でも自信を持って豆腐をお勧めしています。(宗右衛門町店寿司店長　苅屋弘和)

飲食店を文化産業に――〝屋敷業態〟の開発

なんば本店を成功させたがんこは、チェーン化志向企業が主流を占める外食産業界の中にあって、付加価値向上を機軸において事業展開することは、困難を伴うが最終的には独自性の高いビジネスを展開することが可能になる、という戦略の方向性を固めていく。日本食分野で付加価値を高める方向性の一つの柱として、日本食企業としてではなく、〝日本食文化企業〟と自社を定義するようになった。

飲食店で提供されるのは料理だけではない。がんこのおもてなし係は略式ではなく、本式の和装をしている。また、提供時に使用される器や店舗装飾の焼き物は、陶芸という日本文化である。店を華やかに彩る掛け軸や絵画、そして活け花などは日本美術であり、がんこの店舗そのものが日本建築という文化である。これらの価値を統合して提案できる事業体を作ることができないのか――このような問題意識を持ち、新たな展開を模索していたこの時期に、ある物件の話が舞い込む。

「家の相続に伴い、先祖伝来の庄屋屋敷を自分たちで維持していくことが難しくなってきた。近い将来解体して駐車場やマンション建設などの方向で資産活用を図りたい。

その際、家から出る廃材や建具を店舗資材として引き取ってくれないか?」
このような相談を受けた小嶋は、早速物件の下見に出かけ、そこで衝撃を受ける。

まず、大阪の都市部にこのような屋敷が現存しているのか、という驚きでした。次に、これらの貴重な資産は世代を経るごとに失われる可能性が高い。その結果、日本文化を生活の身近に味わうことができなくなるかもしれない。文化というものは博物館や図鑑ではなく、身近にあって、直接触れて学び、楽しむべきものである。なんとかしてこの物件を活用する方向で考えるべきだと考えました。そして、この屋敷を建材としてではなく、店舗として活用することを決意しました。
(小嶋)

企業として重視しなくてはならないことがいくつかある。まず第一点は収益を上げること、これは企業である以上異論のないところであろう。屋敷業態はこれに加え、自分たちの商う事業の観点から日本文化の伝承という社会的貢献の実践と、それをリーズナブルな価格で提供することにより新たな価値提供を実現するという、先人の言葉を借りるなら〝三方よし〟のモデル構築に取り組もうとしたのである。そう考えて新たな事業プランとしての〝屋敷業態〟の検討を開始した。

全員大反対ですよ。明らかに反対の意見表明をしなくても顔に書いてあります。たしかに一見すれば八〇〇坪の屋敷を和食店として活用しようというのですからそう考えるでしょう。しかも、私の提案は「屋敷といえども既存店と価格を変えない」というコンセプトでしたから。（小嶋）

ここが重要なポイントである。料亭のように付加価値の高い店舗は価格が高く、立ち飲みのようなカジュアルな店舗であれば価格は安いというのが通常の発想である。しかし、がんこのコンセプトは〝旨くて、安い〟――付加価値の高い商品を提供するが、価格はリーズナブルに、という一貫した理念が底流に流れている。最終的にがんこは常識の半値で勝負してお客様が三倍来れば必ずこの事業は成立すると読んだ。そのためには価値を感じる要素と安いと感じる要素を両立させなければならない。

そこで、屋敷の看板料理に懐石料理とともに讃岐うどんをラインナップした。大阪でうどんと言えば、皆が親しむリーズナブルな料理である。しかし、懐石とうどんを単純に並べただけではお互いにコンセプトを打ち消してしまう。そこで、讃岐うどんと懐石

◆屋敷シリーズ第一号店「平野郷屋敷」

を組み合わせた麺懐石というコンセプトを導入するとともに、本物の讃岐うどんを提供できるように、初代支配人夫妻を讃岐地方に派遣し、住み込みで技術習得を行った。また、屋敷業態は料理を味わうだけでなく、建物や庭、什器など文化そのものも味わっていただこうと考え、屋敷の入り口近くの蔵を改造して建物所有者に累代伝わっている所蔵品を中心に一般公開する〝くらしの博物館〟を設置し、お客様だけではなく一般の人々にも見ていただけるように公開展示とした。

数年間の開発を経て、一九九〇年のがんこの第一号店となった〝がんこ平野郷屋敷〟が開店した。従業員が固唾を呑んで見守る中、平野郷屋敷は開店とともに大ブレイクし、がんこの基幹店に躍り出る。文化性と食の融合、付加価値とリーズナブルの調和という一見相反するコンセプトが正しいことが実証された。

この成功をもとに屋敷業態は一軒ごとに進化していくことになる。二店舗目の屋敷物件の話ががんこに持ち込まれた。今度の物件はじつに一、二〇〇坪、京都の豪商角倉了以が自ら切り開いた高瀬川の源流に居宅兼物流拠点として築き、明治時代には山縣有朋が〝第二無鄰菴〟として使用していたという物件である。しかも、作庭は小堀遠州が手がけ、明治期に七代目小川治兵衛が拡張したという。平野郷屋敷のコンセプトを展開するのに格好の物件であった。

このころには開発を手がけていた豆腐が軌道に乗ってきたころでした。京料理には湯葉や飛龍珠（ひろうす＝がんもどき）など、豆腐製品が多く使用されています。京都という文化性を表現するとともに、豆腐工房の稼働率向上も実現できますし、豆腐はうどんと同様に穀物製品なので付加価値とリーズナブルの融合を実現できます。ですからこの店では、豆腐・湯葉料理を開発して導入しました。

（小嶋）

◆屋敷シリーズの最新形「岸和田五風荘」

こうして先ほど紹介した豆乳ゆば鍋や生ゆばの刺身など、オリジナリティーの高い豆腐料理が開発されるとともに、豆腐をテーマにした懐石料理の開発も進められた。そして一九九五年に屋敷シリーズの第二号として〝京都高瀬川二条苑〟を開店した。

その後、屋敷シリーズは兵庫県三田市に立地する地元の豪族大原氏に伝わる屋敷を活用した〝三田の里〟、和歌山城のほとりに位置する明治・大正時代の実業家で稀代の相場師であるとともに情にも厚く、〝今太閤〟と異名を取る松井伊助が開いた〝和歌山六三園〟、兵庫県宝塚市の実業家出口氏の手による〝宝塚苑〟、岸和田城旧二の丸として城主の岡部氏が開き、明治期に寺田財閥の創始者寺田利吉氏が今の形に作り上げた〝岸和田五風荘〟を開店し、合計六店舗になっている。がんこは、今後の目標として一〇店舗の屋敷を店舗にすることを掲げている。

〝旨くて、安い〟を支えるシステムの開発

価値の創出――今までにない新しい価値を生み出し、世の中に提供すること――、これこそががんこの企業経営の根幹である。一方、価値が高くても気軽に利用できるようにならないと真の意味での生活者への貢献にならない。難病を治療する万能薬が開発されたとして、その薬を使用するために数千万円の費用がかかってしまうのであれば、それはたしかに価値ある薬かもしれないが生活者の役に立つと言うことはできない。価値創出の裏側には〝それをいかにリーズナブルに提供できるか〟というシステム力が伴わなければならない。がんこがいかにしてシステムを確立していったのか、その歴史をここから追う。

大型店運営を可能にするＰＯＳの開発

〝四坪半〟から〝一二〇坪〟へ――がんこの成長は大型店舗化の歴史であったと言える。一棟借りによる固定費の削減、それを実現するための複合業態ミックスによる集客などの取り組みはすでに述べた。しかし、それでも解決できない問題が残った。それはオペレーションの問題である。

十三寿司店は一二〇坪という大規模店舗であったが、寿司店の場合は一人の寿司職人が数名のお客様の料理を作るため、規模が大きくなってもこの構造は変わらない。言い換えれば職人一人に対してお客様数名という構造が比例的に増えていくだけである。しかし複合業態店の場合、たとえば、なんば本店は一階が寿司カウンター三四席、テーブル一八席、二階はカウンター一四席、テーブル二二席、個室六室四八席、三階が個室四室二八席、四階が個室五室一〇〇席、しかも調理場がカウンター二ヶ所、集中厨房一ヶ所存在する。大型店であっても料亭のような店であれば一〇〇パーセント予約なので対応が可能であるが、がんこの場合はフリーの立ち寄り客がはるかに多い。何が注文されるかわからない状態で数百種類の料理を確実に間違いなく届けなければならない。

これを一つの店として有機的にオペレーションしていくことはきわめて困難である。がんこの寿司店も他の飲食店と同様、紙の伝票で注文を通し、皿の色や形で会計をするというオペレーションで営業してきたが、紙伝票は紛失することが多いうえ、扱っているうちにちぎれたり汚れたりして、どのテーブルが何を注文したのかわからなくなってしまう。これでは顧客満足どころか大いなる〝不満の種〟を撒き散らすことになってしまう。

外食産業ではこの問題を解決するため、エアシューターの配管を店に張りめぐらせ、注文を受けた従業員が伝票をシャトルに入れて調理場に送り、調理場で伝票を受け取って料理をするという方式が導入されるようになってきた。これは現場のオペレーションを改善できるが、シャトルをやり取りするための専任従業員が必要であるため、結果として大きく生産性向上につながることはなかった。そこでがんこが注目したのは、アメリカの小売業でレジ業務の合理化や顧客の購買情報収集のために開発されたＰＯＳシステムであった。

がんこでは一九八二年にＰＯＳの外食産業への導入可能性についての研究を始める。日本では外食産業に先駆けて一九八〇年代初めにスーパーやコンビニエンス業界がＰＯＳを導入し、売上増加と在庫削減の両面を実現するという経営改革を実現させている。

また、外食産業においても一九八二年ころから徐々に導入が図られるようになっていた。

しかし、当時の機器構成でがんこの目指すPOSの開発は厳しいものがあった。たとえばファストフードの場合はカウンターで会計するためにテーブル番号などの管理は必要ないため、大型のレジスターで注文情報を入力すればよい。しかし、がんこの場合、それぞれのテーブルで注文を聞く必要があるため、機器の小型化が必要であった。また先進的なファミリーレストランでは注文を調理場に伝えるハンディー端末が導入されていたが、レジスターとは別のシステムとして運用されていたので会計時には改めてレジで計算する必要があった。

一方、がんこの店舗では数百種類の料理を提供するため、レジで改めて会計を入力する場合、従来方式と同じく会計ミスが起きてしまう。さらに、がんこの調理場は何十ものポジションが存在するため、注文を配信するキッチンプリンターの数はファミリーレストランの比ではない。これらの課題をクリアするため、開発チームは検討を重ね、一九八三年にはオーダーエントリーシステムとチェックアウトシステムが一体になるとともに、一〇台規模のキッチンプリンターを同時にコントロール可能なPOSを開発し、試験的に三条本店に導入した。

システム導入当初は全館導入ではなく、特定のフロアーに導入して来店数の少ない平日に稼動させ、従業員らユーザーからシステムのユーザビリティーに関する意見を聴取しつつ、システムに修正を加えてフル稼働に移行した。システムの安定を図ってから全館導入に踏み切ったのである。効果はてき面であった。料理の提供スピード向上だけでなく、収益性も向上したのである。

ＰＯＳを導入するまでは会計伝票を見てレジに手入力していました。人間のすることですからオーダーの付け忘れや打ちミスが生じます。結果としてお客様の注文分をすべて会計することができていなかったのです。注文情報をすべて入力することで、会計の精度向上が図られ、収益性が上がったと考えられます。（開発担当者であった情報システム部長の畑田源三郎）

ＰＯＳの効果はこれだけではなかった。ＰＯＳには全注文情報が入力されている。それまで各テーブルで何を食べたのかを推定する方法は、仕入れデータから人気商品を推定するか、注文伝票から情報を拾い上げるしかなかったが、ＰＯＳを活用することによってメニュー企画に反映させることができるようになった。つまり、ＰＯＳは会計端末であるとともに、〝お客様情報収集デバイス〟にも活用できるようになったのである。

それまでは仕事が終わって寮に帰ると、大量の伝票を手で仕分けて料理の出品構成を分析していました。しかし、これではミスも起こりますし、翌日の営業にも差しつかえます。ＰＯＳの導入は情報分析の精度向上とともに従業員の負担軽減という側面もありました。（高橋）

がんこのＰＯＳはターミナル一台で三〇のキッチンプリンターを稼動させることが可能です。複雑なオペレーションを可能にするＰＯＳの開発が、システム面で屋敷や大型店舗のオペレーションを可能にしたということができるでしょう。（小嶋）

たとえば屋敷では、毎日何十組もの顧客の懐石料理を同時並行に進行させる。当然、調理場ですべての料理進行を管理できるわけではない。そこで、がんこでは料理の進行指示をＰＯＳで配信することによって懐石料理の調理作業の進行をコントロールしている。すなわちＰＯＳは受注情報の転送システムではなく、製造管理システムとして活用されているのだ。このようにして、チェーンストアが単純化、標準化、専門化を進めることによって経営効率と収益性を高めるところ、がんこは複雑化、多様化、総合化しても経営効率を高めることが可能だと主張するようになった。

お客様から見たら、いろいろな形態の店舗があったほうが楽しいでしょう。そのために努力するのが商売。だから、われわれのアプローチはお客様側から見たら自然な発想だと思います。（小嶋）

近年、がんこはシステムをさらに進化させている。外食産業で一般的に活用されているＰＯＳは注文情報を紙に印字して伝達している。ということは、ＰＯＳにはリアルタイムで計測されている注文情報が登録されているにもかかわらず、情報は紙伝票で個別管理されている。調理場では何が何人前受注されているのかを把握することができないため、適切な製造管理を行うことができない。そのうえ、人間の記憶力には限界があるため、注文された料理の時間経過をコントロールすることができない。結果、料理の受注順と提供順の乖離によるクレームが起きたり、調理場が時間経過を管理できていないために全料理の提供が遅れ、客席回転率が低下するなどの問題が発生している。

この問題を解決するため、二〇〇七年に液晶ディスプレイに全注文情報を表示し、調理師が常に担当ポジションの受注情報や時間経過を確認できるとともに、他の調理ポジションの料理進行状況やテーブルごとの注文情報を参照できるようにすることで、可能な限り全館の情報を共有可能なシステムを開発して店舗に装備させている。このシステムによって料理の提供効率が一〇パーセントから一五パーセント改善している。さらに、がんこではリアルタイムに発生する店舗の全情報をコントロールすることで、顧客満足の向上の実現とともに、店のオペレーション能力をレベルアップするシステムを開発した。

パートナーショップ――損益分岐点引き下げへのさらなる挑戦

先に述べたように、〝旨くて、安い〟を実現する方策の一つが大型店の開発であった。一棟借りを実現することで坪当たりの賃料を引き下げ、損益分岐点の低い店作りを目指した。しかし、この方式で固定費のすべてを改革できるわけではない。設備投資を抑制することによる損益分岐点の引き下げや、賃料の変動費化によるリスク軽減といったテーマが残っていた。

そこで思いついたのがパートナーショップです。たとえば不動産の活用を考えているビル所有者がいたとしましょう。がんこが店舗のデザインや業態を考えてコンセプトや設計図を作り、ビルオーナーが設備投資をして店舗を造ります。その店舗をがんこが運営して、売上や利益の一定比率をお支払いするのです。この方式で設備投資を抑制するとともに賃料の変動費化が可能になります。（小嶋）

外食産業が事業展開をする場合、多拠点に店舗展開をする必要があるため、どうしても設備投資が大きくなってしまうという特性を持っている。店舗を出しつつ経営効率を高めるためには設備投資を抑制する必要がある。しかし、設備投資のかからない店は、潤いや付加価値を表現するのに限界がある。

店というものはそこに息づくものが必要なのです。落ち着き、潤い、元気、店舗のコンセプトによって内容は異なるでしょう。たしかにファイナンス理論を駆使すれば、適切な投資額は計算できます。しかし、お客様がはっと驚くような店作りは、いい意味でそのバランスを崩す必要があるのです。しかし、商売ですから「いい店はできたけれども収益が出ない」という店を作ることはできません。

そこで、投資そのものをしない形式のパートナーショップを考えたのです。（専務取締役開発本部長の萬浪豊司）

しかし、設備投資を実行する側から見て、その投資に魅力がなければこの話は独りよがりになる。なぜこのような枠組みが実現可能なのか？　それはがんこの〝のれん〟の力である。がんこの提携先としても、がんこに投資をすることで収益を上げることが必要になる。がんこの営業はうどんやそば店、喫茶店、パスタ店などの飲食店と比較した場合、客単価が高いため、坪当たりの売上高が同業他社よりも高くなる。また、昼夜ともに稼動できる業態であるため稼働率が高くなる。それに加え、がんこが創業以来積み重ねてきた信用が相乗効果を生むため、一坪当たりの売上が大きいのである。

その営業力が、提携先の設備投資をペイできる賃料の源泉となるのである。このようにして開発したパートナーシップ形式の第一号店舗として、一九九四年に〝とんかつ三宮店〟が開店する。ちなみにこの店が、がんこのとんかつ業態第一号店となったのである。この店は大盛況となり、パートナーシップは順調に店舗数を増加させた。今では駅ナカ、百貨店、ホテル、地下街など、様々なデベロッパーと共同で出店を行い、双方にとってメリットある関係の構築を実現している。

第4章

がんこを支える経営の仕組み

人間力、バイイング力、システム力

一〇〇店舗――日本リテイリングセンターによると、ビッグストアの定義は〝三桁店舗〟である。これだけの店舗数を管理するために、一般のチェーンストアは標準化、単純化、専門化を軸にして経営をシステム化していく。一方、がんこはこの路線と一線を画して、一貫してこれまで複雑化、多様化、総合化というコンセプトで事業展開を図り、一〇〇店舗の出店を実現している。

これまで見てきたように、がんこは一般のチェーンストアシステムで導入されているPOSやセントラルキッチンを取り入れつつも、独自の観点から仕組みを再構築している。そして、多様性を許容しつつ、企業としての統一戦略を打ち出していくためには、それを支える経営の根幹である経営理念を共有しつつ、今の時代に合わせて常に現場や経営を革新できる人間力もそれらに加えて必要である。また、M&Aの加速によって企業規模が大きくなっていく大手外食産業の中で、人々の生活環境の成熟化が進み、がんこが規模ではなく質で勝負する独自性を貫くためには、大量購買で低価格路線を進む大手企業に対して、質的に高い素材をリーズナブルに調達するバイイング力も必要になってくる。

これらの〝人間力〟や〝バイイング力〟が常にスパイラルアップしていくためには、それが企業の血肉となっていくようにサポートする新たな〝システム力〟が必要になってくる。がんこでは、経営を支えるこれらの仕組みをどのように構築しているのか、その全容にここから迫る。

企業は人なり――がんこ流人事・教育制度

確固たる経営理念に根ざした人材力、どの企業もこれを追い求めて経営をしていると言っても過言ではあるまい。がんこが経営理念としてとくに重要視して掲げるものの中に〝活人〟という言葉がある。これは「人を活かす」と読めるのだが、そこにさらに「人に活かされる」という意味も込めている。がんこはむしろ「活かされる」という価値観のほうが重要だと考えている。

リーダーたるもの人材育成を使命として、人の可能性を引き出していくとともに、その人たちに支えられて、今の自分があるという感謝の念を持つべきだという意味である。そしてそれを受けてがんこは「経営資源はヒト、モノ、カネではない。人、人、人」と常々主張している。商品やサービスを生み出すのはあくまでも人であり、経営活動の結果として売上や利益が生ずるのも、誠実な商いを実践した結果から得られるものであるということである。つまり、がんこの企業経営の根幹には、常に〝人〟があると言って過言でない。

この人に根ざした経営の根幹には、よろずやから始まる創業の原体験があることはすでに述べた。そして、どのような立場の人間でも、「まっとうに努力している人が必ず報われる」という確信が、がんこの〝実力主義〟の根底に流れているのである。

創業間もないころのエピソードがある。熟練の寿司職人の中に混じって二〇代前半の若者が働いていた。商売にも熱心で、お客様の立場になって物事を考えることができる。思い切ってこの若者に店長職を任せたが、当時はまだ数店舗しかなかったがんこにとって、この抜擢は大きな賭けであった。

このときは大変でした。年功序列的要素が強い寿司職人の世界で、技術がまだ十分ではない二〇代の若者が店長になるのです。言葉で説明したところで他の寿司職人が理解できるはずがありません。一方、この若者も人間的な成長はこれからというところでしたから、当然組織としてはすぐにまとまることができるわけではありません。次々と寿司職人が辞めていきました。そのときにぐっと我慢して、この店長を育てながら寿司職人の補充を続けました。しばらく経過すると、途中で退職するメンバーが出なくなりました。このときに、がんこの人材育成の

あり方を学んだと思います。（小嶋）

一般的な企業の人事では、店長ができる能力を身に付けさせてから、その任に就けるという職能資格制度、いわば〝卒業方式〟が一般的である。しかし、がんこの考え方はこの逆である。考え方がしっかりとしており情熱もある、しかし、まだ経験が伴わない段階で、その任に就けるという配置の仕方、言うならば〝入学方式〟を採用している。

これは創業者が高校生でいきなり商売の世界に飛び込み、経験がない中で、様々な困難にぶつかり、その過程で商売の本質を学んだという、創業時の原体験も大いに影響している。ゆえに、がんこの人事制度には学歴、勤続年数、滞留年数という日本で一般的に用いられている尺度は挿入されていない。それらを導入してしまうと、「人間の可能性に制限をかけてしまう」と恐れているのである。

こんな話があります。蚤を一匹捕まえてきてコップの中に入れ、フタをします。蚤は跳躍力が高いですから大きく飛ぼうとしてフタにぶつかってしまいます。最初はフタを飛び越えようと何度も飛び上がるのですが、やがてあきらめてフタよりも高く飛ぶことをやめてしまうのです。その後、フタを取り払っても、二度と高く飛ぶことをしないというのです。人事制度で制限をかけてしまうということは、同時に人間の成長可能性を奪ってしまうことになってしまうと考えています（小嶋）

がんこの人事はこのような思想で設計されているので、人事もダイナミックである。二〇歳の店長、二五歳の課長、三〇歳の部長、三五歳の常務、これはモデルではなく、がんこの実例である。しかし、この面だけ見ていては、がんこの実力主義の全貌が見えてこない。若手ががんばる一方で、ベテランの起用も多い。七〇歳を超えた部長も現役で活躍し、最近退任したが、最も大きい一〇億円規模の店舗の支配人は、還暦を超えた女性であった。

一般的に実力主義と言うと、短期的な成果を追い求めて、厳しい成果競争を行って、少数の勝ち組と多数の負け組みに分け、しかも延々と競争をつづけるというイメージがあるが、がんこの実力主義は本質的にこれとは違う。

情熱と意欲をもって挑戦するのであれば、年齢や学歴は問わないという姿勢である。〝活人〟を地で行くシステムということができる。

会社は従業員にとってよき〝道具〟です。自分の人生の目標を達成し、自分の人間的な成長を図るために、人は会社に属するのです。皆で共有する舞台だからこそ皆で会社を良くする。それが会社と従業員の関係ではないでしょうか？　それが小嶋から学んだ人事理念です。（志賀）

このような人事制度を採っているため、教育の仕組みも独特である。がんこの教育理念は〝教えない教育〟――これはなんとなく矛盾を感じるコンセプトである。

じつはこのコンセプトには一つの経験が根底にあるのです。（小嶋）

会社がある程度大きくなった時点で、トレーニングセンターなどの教育制度を導入したことはすでに述べた。自ら技術やマネジメントを学び取り、早く成長してほしい。そういった思いを形にする必要があると考え、がんこは一時期〝教え魔〟と業界で呼ばれるほど教育に傾注した。

そのとき、従業員の姿勢が〝攻め〟から〝待ち〟に変わってしまったのです。

たくさん情報を与え、いつでも勉強できる状態になると人間は「学びたい、技術を吸収したい」という良き〝飢え〟を感じなくなってしまうのです。たくさん教育の機会を与えることは待ちの姿勢を作ってしまううえに、創意工夫や壁を突破する努力といった仕事の根幹にかかわる力も削いでしまいます。答えが書かれている問題集を渡された学生は、果たして問題を解くのに必死に取り組むでしょうか？　犯人がわかっている推理小説を読んで、果たして全能力を傾注して謎解きに挑戦するでしょうか？　教える教育とは、一見すると成長を加速させるように見えるのですが、じつは本質的な意味での成長を阻害することになるのです。

（小嶋）

この時点でがんこは、教育システムを根本から変えた。問題解決の手法を教えるのではなく、まず高い挑戦目標を設定する。そして、まずその業務に挑戦するのである。当然すぐ結果が見えるわけではない。最初は失敗の連続である。

「なぜ結果が出ないのか？」――そこで、今の実力と求められる実力のギャップが見えてくる。さらに、そこからなんとしてでも目標を達成するという意欲と熱意がわいてくる。これこそが重要である。がんこは教育の場を〝塾〟と呼称しているが、ここにはテーマも学習期間も設定されていない。それも自分で作るという考え方である。

学びたいことは人それぞれですし、問題意識も違います。そんな人たちに会社が「これを学習しろ」と、画一的なテーマを与えても意味がありません。また、目的は本人たちが納得いくまで学習することなのに、〝今日はここまで〟と教える側が一方的に決めるのもいけません。自ら考え、そして学ぶ。そのために、上司がそれを辛抱強く支援する。がんこの教育を突き詰めていった結果、そういった教育システムができあがったのです。（志賀）

一見、何もしていないように見えるが、結構これが大変なことである。

なにしろ人によってテーマが違いますから何が出てくるかわかりません。そのため、教える側がしっかりとした見識をつけておかないと、この形式では教育できません。今日のレジメを作成する必要はありませんが、常に全力で教えるほうが学ぶ必要があるのです。教える側もじつは学んでいるのです。（小嶋）

ここで一つの素朴な疑問が生じる。このようなダイナミックな人事で、果たして全体の調和や納得感が得られるのであろうか？

「創業以来そうですから」と小嶋はこともなげに言う。

がんこの組織では、一貫してこの人事、教育スタイルを貫いている。それに加え、創業者自身が〝よろずや〟で商売を始めて以来、そういった生き様を貫いてきた。そこに特段の言葉は必要ないのであろう。

組織が拡大してきた時点で、その理念を人事制度に置き換える必要があります。当社は店舗数が五〇を超えた段階で、体系的な人事制度の構築に着手しました。小嶋と店長がダイレクトにつながり、阿吽の呼吸が保てるうちは問題ありませんが、組織化されていくということは、同時にシステムとしてそれを実現していく必要があります。そこで、部門長で横断的委員会を作り、三年かけてがんこ流人事制度はどうあるべきかを議論し、今の人事制度を構築しました。コンサルタントなどを一切入れず、自分たちで学習しながら作ったので、長い時間がかかりましたが、おかげさまでマイナーチェンジはときどきしていますが、一〇年たっても揺るがないいい制度ができたと思います。（志賀）

人事制度の設計思想としては「才に報いるに官をもってし、功に報いるに賞をもってす」という西郷隆盛の思想が根底にあるという。がんこのように思い切った人事を行う場合、勤続年数や年齢と職位の逆転は日常化する。一方、外食産業では習熟を必要とする調理師と個人の才気である程度対応できるマネジメント職がある。間違った方向に人事が進むと、短期的に成果の出しにくい調理職が適切に処遇されないという問題が生じる。抜擢と公平性、がんこの人事システムはこの両方を担保するようになっている。

このような土壌で育った人材が、がんこの多様性を基調とした経営を可能にしていると言ってよい。メニューも店舗によって異なり、オペレーションも違う。現場に多様性があるということは、現場に裁量が多いというメリットとともに、常に決められていない曖昧な部分が存在するということである。画一化された教育を受けた従業員では、この溝を生めることはできない。

問題を自ら考え、取り組むことのできる人材の蓄積が、がんこの経営を担保していると言ってよい。これが〝人、人、人〟とがんこの経営を称するゆえんであろう。

人間力を高める三つの源泉――QC、調理コンテスト、接遇コンテスト

外食産業におけるおもてなしや料理提供は〝サービス〟である。サービスには以下の四つの特徴があると言われている。それらは、サービスは生産する人や状況によって常に変動する（非再現性）、サービスは在庫ができない（消滅性）、サービスは形がなくて見えない（無形性）、そしてサービスは受け取る顧客によってその価値が変わる（変動性）である。

たしかに料理は同じ人が調理したとしても、まったく同一のものを再現することは不可能である。素材も環境も常に変化しているのである。また、「いらっしゃいませ」という挨拶を暇なときに言って在庫しておいて、忙しいときにその在庫を使用するようなことができるわけではない。料理は一見在庫可能のように見えるが、ステーキは焼いた瞬間から品質劣化が生じ、寿司は握った瞬間から乾燥が始まる。また、同じサービスを提供しても、ある人は満足するかもしれないが、他の人はご不快に感じるときもある。さらに、同じ人でも、日によって、また状況によっても感じ方は変化してしまう。

サービス産業で生産性向上が困難であると言われている要因がこのサービス財の特性

にある。いかに会社がいい商品やおもてなしを設計し、システムやバックヤードを設計したところで、これを現場でいつも再現できない限り、サービスの価値を実現し続けることはできない。チェーンストアシステムでは、作業工程やサービスの内容を単純化することで、人間が関与する部分を可能な限り減らし、さらにサービスの変動性を少なくするために標準化して道具やシステムにサービスの提供作業を置き換えてしまうというアプローチが採用されてきた。

単純化や標準化自体が悪いわけではない。多くの外食産業は、このチェーンストアシステムを導入することで生産性を向上させてきたのもまた事実なのである。しかし、チェーンストアシステムと一線を画すがんこは、多様化を通じて多様な〝楽しみ〟を提供するために、人間が柔軟に調理やおもてなしをするというアプローチを採用している。

その根底には、アメリカでステーキのプレス機を見たときの「たしかに効率的だが、自分は手づくりの物をお届けしたい」という想いがある。しかし、このよう価値観を追求しながら多店舗化を大規模に進めるには、これまでのチェーンストアシステムと違った新しい〝がんこ流〟の生産性向上のアプローチが必要となる。

がんこが最初に取り組んだ生産性向上の活動は〝ＱＣ〟である。ＱＣ活動とは現場における自主的な品質管理運動のことであり、現状の把握と改善計画、計画の実施、成果の確認、標準化と歯止め、という一連のサイクルをまわしながら、現場を数値化し、それを科学的に改善してく活動のことである。製造業で盛んに行われていたQC活動を、一九八〇年前後になってサービス産業も取り入れようという機運が高まってきた。がんこも、一九八三年にこのQC活動を導入している。

まず実際に全員で見てみることにしました。店を二日休業して、従業員全員でバス数台に分乗し、当時QC活動が盛んであった自動車産業のマツダさんの本社まで勉強会に行きました。そうして土壌を作ってから、QC活動をスタートさせたのです。（小嶋）

現場に対するこのような科学的・工学的アプローチ、それが現場従業員の創意工夫にもつながるのである。画一的ではなく、多様な現場作りに挑戦するがんこに適した活動だと言うことができる。

一般的なQC活動とは、数値で現場を管理するので、サービス産業になじまないし、画一的なマネジメントになるのではないか危惧する人も多くいます。しか

◆がんこ QC 全社大会の様子

しＱＣ活動の本質はそこではありません。日本科学技術連盟のＱＣ綱領にもＱＣの本質とは「人間の能力を発揮し無限の可能性を引き出す」とあります。（志賀）

人間のモチベーションで最も重要なものが達成動機です。自分たちが現場でお客様のために努力し、それが成果という見える形で共有されます。その成果を従業員が注目する中で発表するのです。調理場、洗い場、事務、すべての仕事はお客様に、そして仲間に貢献しているんだということの確認が取れるという環境は、人間にとって本質的なやる気を提供するのではないでしょうか？（小嶋）

このようにしてＱＣ活動を導入したものの、最初は苦闘の連続であった。導入当時の外食産業の調理現場には職人的気風をもった社員が多く、「なんで包丁を持つ料理人が鉛筆を持たなければならないのか？」と多くの反発があった。

最初は「とにかくやれ」の一点張りの現場指導でした。ＱＣをまずやってみないと本当に調理場に必要なものか、不要なものか彼ら自身がわかりません。最初の数年はＱＣ活動というよりも、ＱＣ活動をさせる活動だったような気がします。

（東川）

数年の苦節を経た結果、現場に徐々にＱＣ活動の考え方が浸透し、調理場の中でも、社内の全社大会に駒を進める調理師のサークルが出現するようになった。現在では活動サークルの約半数が調理場サークルである。

たしかに外食産業はサービス業であるが、商品を提供する際、現場ではかならず注文という形で需要が発生し、お客様をお待たせしない納期でスムーズに料理を作り、サービスを提供しなければならない。しかもその料理の提供時間は数分であるうえ、いつ何を注文されるかわからない状況で、毎日現場でオペレーションされているのである。製造業以上にシビアな労働環境で店舗運営をしなければならない外食産業にとって、ＱＣ的現場改善は非常に効果性が高いと言える。

たとえばあるＱＣサークルの一つの例であるが、料理提供をスムーズに行うための現場改善を行った事例では、活動期間一ヶ月の間で提供速度が倍増し、結果として客席回転率が向上して、売上は前年比で一二〇パーセントも増加したというのである。

労働集約型サービス産業であるがゆえに、ＱＣ的観点による工程改善は直接的に営業内容の改善につながります。お客様の満足度も向上し、数字も改善します。この事実の前には、いかなる先入観もなくなるでしょう。（志賀）

こうして、がんこのＱＣ活動は徐々にレベルを上げ、日本フードサービス協会や大阪外食産業協会のＱＣ大会で金賞の常連者となっていった。

しかし、バブル崩壊後になって、この流れに大きな変化が起こった。ＱＣ活動の導入当時からあった「ＱＣはサービス産業になじまない」という声と、「生き残りのためのリストラ」の二つが化学反応を起こし、サービス産業でいっせいにＱＣ活動を廃止していったのである。電力、銀行、病院など、トップ自らＱＣ推進責任者となっていた大企業でさえ例外ではなかった。QC活動は本当に生産性向上や現場活性化に必要なのか？——がんこの社内でも議論の分かれるところであった。

しかし、がんこはQCサークル活動の廃止ではなく、強化の方向へと舵を切る。強化の内容とは「サークル数を追いかけない」と「QCサークルの指導はしない」の二つである。一見後退のように見えるこの二つの方針がなぜ強化なのだろうか？

QC活動とは、あくまでも現場の自主的な努力です。その根源は「お客様にご満足いただく」「現場が良くなる」という視点でなくてはいけません。しかし、往々にしてQCを進めていくと、企業のトップ、事務局ともに〝活動サークル数〟や〝発表の見栄え〟という形式論の部分を見てしまいがちになります。それでは本当のQC活動とは言えません。ですから、いったんQCサークル活動数が減り、発表の完成度が落ちたとしても、形式論に陥らない本当のQCをやる組織風土を作りたかったのです。（QC事務局を務める人材開発部係長の石田光代）

事実、この方針に転換してから活動サークル数はいったん減少してしまう。そのうえQC事務局の手が入っていない発表内容だけに、発表としての完成度も下がってしまった。

正直このときはひやひやものでした。（石田）

一度は後退したかに見えたQC活動であったが、変化の胎動が徐々に現れ出す。まず起こったのは現場同士の競争である。あるサークルが金賞を取る。そのサークルに負けじと近隣店舗のサークルが猛追する。また、金賞サークルのリーダーが人事異動になると、サークルを引き継いだリーダーと異動になった前リーダーが競争を始める。

このような構造が数年をかけて発生し、活動が停滞していた二〇〇〇年ころには年間約六〇サークルあったのが、二〇〇五年には約一二〇サークルへと一気に活動数が増加した。店舗数は二〇〇〇年が七二、二〇〇五年が八七であるので、活動率が飛躍的に向上していることがわかる。

また、活動内容の質も大きく変化してきた。二〇〇三年には、日本科学技術連盟のQC全国大会で銀賞を受賞したのをきっかけに通算二回銀賞を受賞し、二〇〇七年には同連盟から石川馨賞を受賞するレベルに達するようになった。

中にはパートナーさん（がんこはアルバイトを〝パートナー〟と呼称する）だけのサークルもあります。学生さんや主婦の方であれば、ある意味積極的にサークル活動に参画する必然性はないかもしれません。しかし、〝自分たちのため〟〝お客様のため〟という人間のQC活動の本質と、「自分たちの成果を自らの手で作り上げ、発表したい」という人間の本質的なモチベーションを引き出すという方針だから、このような成果が出たのではないかと考えています。毎回社内大会で金賞受賞のうれし泣きや、銀賞ゆえの悔し涙など、様々なドラマが生まれます。サービス産業において、このような内発的モチベーションこそ最も大切にすべきものではないでしょうか？（人事部長の山本一文）

これもがんこの〝教えない教育〟の一つの形なのである。

コラム……………………がんこの屋台骨

QCに対する想い

私がQC活動に初めて参加したのは、入社一年目の秋の大会でした。きっかけは、「店を良くするため、これからQC大会に出場する」と当時の上司から指示があり、全くQC活動について知らなかった調理長と私が一緒に取り組むことになったのです。そんな状態の活動ですから、結果は部門大会の予選落ちでした。しかし、素人ながらも一生懸命取り組んだQC活動だったので、予選落ちという結果が非常に悔しかったのを覚えています。

次の年、当時所属していた三条本店は大きく業績を伸ばすことに成功しました。しかし、急激に業績を上がった裏では、当然、料理やおもてなし、洗物などすべてのオペレーションに負荷がかかっていました。その結果、従業員の負担が大きくなってしまい、残念なことに辞めていくパートナーさんや、体調を崩して不満を募らせる従業員が徐々に増えてきました。しかし、そんな環境でも「自分たちがやらなければ！」と考え、一生懸命頑張っている人たちもたくさんいました。

前向きな考えを持つ人と「これからどうやって働いていこうか」と話しているうちに

「無理をしてがむしゃらに働けば、たしかに数字を上げることはできるかもしれない。しかし、そんなことをしていればいずれ身体を壊すことになる。だからもっと無駄を省き、効率よくできるように改めて作業を見直し、それを形にしなければならない」と気づきました。そして「頑張っている人たちの努力が報われるような結果を出そう」という想いを持ち、自身二回目のQC活動を行いました。

その後、活動回数を重ねていく度に従業員のモチベーションも高まり。自分たちが先頭に立って頑張らなければいけないといった責任感も芽生えてきました。そして、自分たちの頑張りで成果として見えるようになったので、今まで以上に楽しく仕事ができるようになりました。

QC活動中にはメンバーとの口論や喧嘩が何度もありましたが、その中でたくさんのアイデアやルールが生まれ、自然と店の状態も良くなりました。発表が終わった後はなんとも言えない達成感があり、仲間との絆も深まりました。QC全社大会に出場できれば、私たちの成果を形に残すことができるだけでなく、普段あまり会話ができない方々にも「自分たちはこういう店を作りたいんだ」という想いを伝えることもできます。

これからも、自分たちの想いをしっかりと伝え、さらにより良い店を築くため、そして何よりも自分たちの成長のためにQC活動を続けていきます。（銀座四丁目店主任

宗田久嗣）

調理コンテスト――技術の〝見える化〟と真の実力主義

がんこでは創業以来、調理の〝技術の公式化〟に取り組んできた。これが〝五年かかる技術を三年で習得できる仕組みづくり〟である。

事実、創業者自身も寿司店をやると決めてから、約一年で一通りの寿司技術の習得を実践している。その体験から、調理師が長年の経験で培ってきた勘と経験には何らかの法則性があり、その法則性を形式化することで、個人の経験や必要な技能を、一定のトレーニングを通じて身に付けることのできる〝技術〟に転換可能であるとがんこは確信していたのである。

たとえば寿司を握るとしましょう。同じ品質の寿司を握るということは、必ず同じ工程で手を動かしているということです。また、寿司のシャリがふんわりとしているけれど箸で持っても崩れない寿司というのは、シャリの含水率や手の圧力をある一定値に保っているということです。これを公式化しないといつまでたっても経験年数に依存した人材育成になってしまいます。（小嶋）

このような考えのもと、がんこでは創業間もないころから、先輩社員が若手に技術指導を行う講習会を店で実施していた。創業時はまだ〝技術は見て盗め〟〝背中を見て学べ〟という時代であった。自分たちの手の内を公開することで技術的な優位性がなくなるのではないかという考えから、講師を引き受けるのをためらう社員もいたことであろう。がんこではどうだったのだろうか？

私が寿司講習を受けたときにはそのような気風はなかったですね。先輩が自分たちの技術を教える。若手は教えを受けて技術を磨く。でも追いついたと思ったころに先輩たちはその先へと進んでいるのですね。その繰り返しだったと思います。（高橋）

がんこが実力主義人事を採用していることはすでに述べた。年齢、経験で自分のキャリアが決まってしまうのであれば人は自らを鍛えることはない。幸い調理師のような技術職は、「寿司が旨い、たくさんのファンが付いている、スピードが速い」など、比較的客観的に仕事の出来栄えを測定できる。こうした客観基準ががんこの実力主義人事を支える根幹の一つになっているのである。

しかし、会社が小さく、調理師は少ないときであれば技術を持った創業者が全員の技術力を把握できるが、一定以上の事業規模になったとき、調理師全員の技術を把握できなくなってしまうのである。つまり、創業者ないし最高技術責任者（ＣＴＯ）を補完する現場作業の評価軸が必要になってくるのである。しかし、技術の公式化は技術力の向上のためだけにあるのではなく、人のモチベーションにとっても重要だと言える。

〝調理コンテスト〟では公式化された技術基準が公開されている。たとえば大根の桂剥きの場合、長さ一四センチに切断した大根を桂剥きにした後に〝ケン（刺身のつま）〟に仕上げるまでを一〇分以内に完成させる。桂剥きの厚さは二〇枚重ねて一センチ以内に収め、ケンは懐石の刺身に活用できる太さおよそ〇・五ミリ以内であること。また吸い物の〝地（すまし汁）〟は、自分の味覚だけを頼りに味付けをした結果、具を入れない状態で塩度が〇・九パーセントであることが要求される。

上手、下手は禁句です。良いという状態を公式化しないと評価のしようがありません。また、官能と計測の関係も重要です。人間は仕事中に必ず汗をかきます。営業の後半になればなるほど体内の塩分が流出するので、どうしても味付けは濃くなってしまいます。自分の勘と経験だけを頼っていると、自分の主観的には同じ味、お客様から見た場合は、ばらついた味ということになります。このブレを押さえるためにも、技術の数値化が必要なのです（執行役員調理部長の下村良）

調理コンテストは年一回開催される。〝調理長の部〟〝一般の部〟に分かれて予選会からスタートするが、予選会は希望者のみではなく、全員参加になっている。全員年一回予選会に参加することで、自分の技術の成長を認識し、がんこの技術水準とのずれを確認できる場所にもなっている。予選会の結果はすべて本人に公開されるため、毎年自分自身の技術ポジションがわかるようになっている。

毎年〝勝った〟〝負けた〟と結果を見せ合っている人もいます。やはり仕事にはライバルが必要ですし、こういった仕組みがなければ先に入った人、年長の人だから上という評価基準になってしまいます。がんこの目指す調理師像、実力主義という観点で考えると、今のシステムの方向性でいいのではないでしょうか。

もっとも、審査基準や評価方法などの手続き論は、常に見直していくべきだと思います。（下村）

このような一次予選を通過した総勢五〇名が二次予選に進出し、さらに高いレベルで審査を受け、上位二〇名が決勝戦に臨む。決勝戦では技術力とともに、料理の盛り付け、器使いといったセンスや、レシピなど構成力を問う総合評価になっている。このコンテストにはしゃれっ気もあり、「三回優勝するとアメリカ研修旅行つき」という。

調理コンテストは、本人の技術評価やモチベーションという個人的側面だけでなく、技術の伝承という組織的な目的も含んでいます。（竹中）

外食産業がセントラルキッチンを導入する場合、その目的は標準化や単純化による生産性の確保である。セントラルキッチンの導入のおかげで生産性を向上させてきた外食産業であるが、同時に調理師の技術習得が不要となったため、調理師を志すものはチェーン化企業に就職しなくなった。

一方、高度技術力を保有する調理師を中心にしている飲食店は、一般消費者から見た

◆調理コンテスト決勝進出者の包丁裁き

場合、非常に高価となるため、客数が十分に確保できないという問題を抱えてしまう。がんこが〝第三の道〟として技術者を配置したセントラルキッチンを開設したのは、現場従業員の技術習得の機会が減ったことを補完することと、技術力向上を担保するためである。それをさらに補完するためのシステムの一つが調理コンテストなのである。

しかし、調理コンテストだけでは限界がある。なぜならば〝刻む〟〝切る〟〝煮る〟などの調理作業は大量に反復することで習得できる。そのため、セントラルキッチンそのものを技術習得の場所にするという発想の転換が必要なのだということはすでに述べた。

セントラルキッチンの強みは大量調理です。技術習得には最高の場所と言ってよいでしょう。ですから、調理コンテストで結果を出した優秀者がセントラルキッチンで学び、再び現場で調理技術を身に付けていく、こういったシステムの組み合わせが大事だと考えています。（竹中）

このように、システムとシステムを組み合わせ、組織をネットワーク化していくことが重要なのである。

コラム…がんこのプロフェッショナリズム

調理コンテスト

悦：年に一度開かれる調理コンテストですが、三鹿調理長は、優勝三回、準優勝一回という素晴らしい結果を残されましたね。優勝するためにはいろいろなご苦労があったと思うのですが、振り返ってみていかがですか？

三鹿：たしかにいい結果は残せましたが、それは他のメンバーの支えがあってのお蔭です。また、たまたまそのときに結果が出せなかっただけで、今の私ではかなわない方が社内にはまだまだ多くいらっしゃいます。ですから、現状の成績に満足せず、日々勉強していきたいと思います。

悦：調理コンテストでは決勝の献立や原価、器などすべて自分で設計しなければなりません。そのため、日々の業務で習得できることだけでなく、発想力や応用力が大切ですよね。そういったものはどうやって学ばれたのですか？

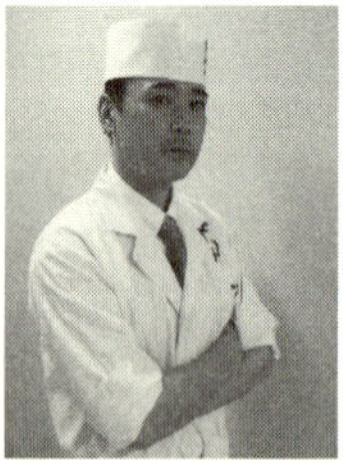

三鹿：私がこの世界に入ったときは、先輩や仲間からとても厳しくあたられました。そのときに悔しい思いを多くしたのですが、「いつか料理で見返してやる」と心に決めていました。そのために、昔から料理の本や人としての行動指針の本を読み続けており、トータルで三〇〇冊を超えたと思います。今でも困ったときには何度も本を読み返すのですが、そういった学びの継続が私のひらめきの原点です。あとは、常にお客様に喜んでいただけるかどうか、また喜んでいる顔がイメージできるかどうかが大事なことだと思います。悦調理長は、新卒生としてがんこに就職してから調理について学ばれたのですが、調理コンテストについてどんな想いがありますか？

悦：私はがんこでしか調理を学んでいないのですが、お店で毎日コツコツと努力すれば、他での経験がなくても充分に結果が出せるということを証明したいと考えています。また、私はがんこに就職したときから「同期メンバーの中で一番になる」と決めていましたので、調理コンテストは同期や仲間と競い、お互いが向上できるいい機会であると思います。

三鹿：たしかに調理コンテストは、日々の努力の結果を発表するだけでなく、今の自分が調理人としてどのレベルにあるのかを知るチャンスかもしれません。また、調理長という立場で言えば、本人が入賞できなくても、自分の部下がいい結果を残せるように、日々どういった指導や教育ができているのかを確認できる場でもありますね。
悦：そうですね。ですから今後もどんどん盛り上げていけるよう頑張ります。
（岸和田五風荘調理長　三鹿卓裕、三条本店調理長　悦　広行）

接遇コンテスト――いかに高品質なサービスを形にするか

料理は〝調理科学〟という言葉もあるとおり、サイエンスの側面を持っている。そのため、熟練従業員の技能を公式化して技術にすることが可能である。つまり、料理は素材、道具、方法、工程などを組み合わせて調理し、商品化するため科学的・工学的アプローチが比較的なじみやすい。それでも天然素材は一つひとつ状態が異なるため微妙に味が変わる。また、人間の体調による味覚の違いや湿度、温度が料理に及ぼす影響などの関係上、同じ品質の料理を作ることはできない難しい作業なのである。

しかし、店舗における〝おもてなし〟となると技術化はより困難になる。おもてなしは、まさにサービス財の四つの特性を体現していると言ってよい。たとえばあるおもてなしを提供してお客様に喜ばれたとしても、他の人が同じように喜ぶとは限らない。また、同じお客様であっても、ある日は従業員とのコミュニケーションを楽しみにしているが、他の日は気分が乗らず、一人にしておいてほしいときもあるだろう。このような特性は、サービスの変動性（サービスの受容者によって価値が変動する）が最もよく現れている例と言える。

また、提供者である従業員も、機械のようにまったく同じサービス行為を再現できるわけではない。その日の気分、仕事前の出来事、体調などによって、従業員一人ひとりのモチベーションは大きく変化する。外食産業が提供しているのはたしかに〝料理〟という有体物であるが、これまでのサービスに関する研究によると、飲食店に対する顧客満足度は、料理もさることながら、おもてなしやサービスのタイミングといった要素が大きく影響していることが明らかにされている。外食産業において顧客満足を向上させるための一番の難関は〝おもてなし〟をいかに科学的・工学的に研究するかということである。

外食産業を含むサービス産業において、〝ホスピタリティー〟という言葉がしばしば使われる。ホスピタリティーとはサービス産業において中核的価値を持つため、その重要性について異論はないであろう。しかし、本質的な問題は「ホスピタリティーの源泉を個人の経験と資質に依存しているウエイトが高い」ということである。

サービス産業として、ホスピタリティーを企業の競争力の源泉にしていきたいならば、ホスピタリティーを持続的に向上させる何らかの組織的な仕組みを必要とするはずである。この問題を論ずるときに〝現場重視〟〝OJT〟〝理念の伝承〟などというキーワードが良く使われるが、逆説的に言うとこれらは単に〝個人任せ〟〝現場任せ〟〝丸投げ〟になってしまうことが多いと言える。

企業としてホスピタリティーの問題に取り組む場合、極端に言うと、就業前はおもてなしの適性が低い従業員を、企業が何らかの仕組みでトレーニングを施した結果、最高のおもてなしを繰り返し提供できる従業員に成長させることのできる力を、それぞれの企業は身に付ける必要がある。

この問題を解決するために、これまでの伝統的サービス産業は〝家による継承〟を選択してきた。たとえば家族で経営されてきた旅館でサービスの技能を伝承する場合、まず子供のころから親の背中を見てサービスの型、状況によるバリエーション、イレギュラー対処法などを学んで、必要な経験を蓄積していく。ある段階で他の旅館に修行に出て、異なるパターンのサービスを学んだ後に、家業の旅館で女将としてサービスを提供する。女将に我が子が生まれたら同じように教育を施しながら、家訓に自分の経験を付け加え、引退時に家業と家訓を次世代に引き継ぐのである。

高品質なおもてなしのサービスを提供するための仕組みとして、自然発生的に生まれてきた技術継承法であるが、この場合、多店舗化が難しいという規模の限界と、より広くサービスの才能を持った人材を外に求めることができないというサービス従事者確保という問題も抱えてしまう。この構造が、サービス産業が大規模化しない理由の一つである。

ある程度の企業規模を必要とするがんこの場合、この方法論を適用することはできない。

寿司店として創業した後、二〇店舗くらいまでは、小嶋は従業員の顔、技術力、癖などの個人の力量やサービスレベル、調理レベル、競合店の状況などの店舗情報もよく見通せた。創業者としてゼロから事業を立ち上げた経験によって磨かれたセンシング能力と言うことができるが、創業者といえども人間である。店舗数が一〇〇店に達し、従業員が四、〇〇〇名の規模になると、個人によるセンシングや教育は不可能になる。その環境下でサービスの品質レベルを向上させるためにはやはり何らかの組織的な仕組みの導入が必要になってくる。

サービス品質の向上に向けた仕組みとして、最初に機能したのはQCである。たとえば新人のトレーニング手法の確立、着付けや身だしなみ基準の徹底、イベントによる顧客満足度向上の実現手法など様々な取り組みが実践されている。がんこのＱＣ活動の長い歴史の中で、取り組みテーマは二、〇〇〇を越えるまでになった。

しかし、ＱＣサークルの場合、店の状況によってテーマが逐次変化していくため、同じサークルが常におもてなしのテーマに取り組むわけではない。外食企業間の競争が激化した環境下で、他社に抜きん出た高品質なサービスを実現するためには、おもてなしに特化した育成システムが必要になってきたのである。

接客を接遇に進化させる必要性を感じるようになりました。接客とは、お客様のニーズに沿ってスムーズに店をオペレーションしてサービスを提供することです。しかし、現代ではそれを超えてお客様の心に残る、我が店と感じていただけるレベルのサービスを要求されるようになってきました。そのために〝接遇コンテスト〟のような形で、何がお客様にとって感動水準であるのかを共有することが重要ではないかと考えるようになりました。（小嶋）

接遇コンテストの仕組みは以下のようなものである。第一段階として予選会を実施する。この段階ではマニュアルレベルの基本的な項目を審査する。お辞儀の角度、基本的な接客用語、サービスの知識などを面接、実技、テストなどの形式で審査をしていく。感動レベルの前に、まずスムーズなオペレーションを基本どおり実践できる基礎力を確認するのである。

予選会には約三〇〇名が参加し、おおよそ三〇名が二次予選に進出する。二次予選で試されるのは〝現場力〟である。同じ条件下になるように予選会場に集まり、その場での着物着付けと、お客様役二名に対して各課題のおもてなしをロールプレイング形式で行う姿を審査する。そこではお客様役の女将と純粋なお客様視点としてのパートナーさん、また審査員のそれぞれに即したチェック項目があり、一定の基準のサービスが本当にできているのか、お客様の要望に沿って高品質なサービスを本当に提供できているのかを確認する。この二次審査を経て、約一〇名が決勝戦に進むのである。決勝戦では実際の接客現場を再現し、様々な状況でどのようにおもてなしを行うのかを実践し、審査するのである。

おもてなしに関するコンテストという性格上、実際の現場を再現するといっても限界があります。その結果、どうしても〝演技力勝負〟的要素が多く生じてしまいます。これをどうクリアしていくのかというのが毎回の課題になっています。

（接遇コンテストを担当する接客部係長の頭師可奈子）

いかに現場の状況に近づけるのか、その中で当意即妙なおもてなしを実践できるのかが重要になるのである。ある見方をすれば〝演技会〟の要素を持つ接遇コンテストが、どのようにおもてなしレベルを持続的に向上させる機能を持つのであろうか？

第一点は参加すること自体の意義である。調理コンテストの項目でも触れたが、毎日の仕事で自分の成長や成果を確認することができない。一年そして二年と経過しても、自分自身がどのように成長したのかを確認できないと、モチベーションを保つことはできないうえ、どうしても年功的組織ができあがってしまう。接遇コンテストは調理コンテストと違い、あくまで自己登録による参加であるが、対象従業員の約三〇パーセントが参加するという数値からも自己成長のモチベーションに有効に機能していると言ってよいであろう。

第二点は、求められるサービスの〝定義の共有〟である。経営者がいかに「高品質なサービスを提供しよう」と言っても、何が高品質なサービスであると考えるかは、人それぞれである。接遇コンテストでは、がんこにおける最高水準の従業員が、自分の理想とするサービスを演じてみせるのである。

たしかにそれは演技かもしれません。しかし、演技であるからこそ、それは出場者が〝自分の理想とする最高のおもてなし〟の形なのです。それを共有できることにも大きな価値があると思います。（頭師）

がんこは、さらに接遇コンテストを補完するシステムとして、おもてなしのサービスの定量化技術と従業員教育システムの設計にこれから取り組もうとしている。

提供しなければならないサービスの品質レベルをまず共有すべきです。しかし、次のステップでは、全員がそれを実践するための仕組みを持たなければなりません。そのための準備をいま行っているところです。（志賀）

バイイング力――こだわり食材のあくなき追求

「旨くて、安い」――創業時の店に掲げられたがんこのキャッチフレーズである。創業して約半世紀を経た今、「旨くて、安くて、楽しい」となったものの、外食産業としてがんこが追求している柱はやはりお値打ちのある料理である。よろずやの商売で流通や購買の重要性を学び、これを現代風に進化させたバイイング力が、がんこの経営を支える仕組みの根幹であると言ってもよい。

そのため、がんこは様々な形で流通の改革に取り組んできた。農協との直接契約による米の一括購買や、漁業会社と直接交渉し、ある船から揚がる魚の全量購入契約などに取り組み、仕入れ価格を低減させていった。

このような購買方法を実現可能にしたのが、がんこの業態ラインナップであったことはすでに述べた。同じマグロを一本仕入れたとしても、部位によって価格は違う。腹の部分は、普通の寿司店であれば一貫一、○○○円以上の価格が付く大トロの部分もあれば、あまり高い価格が付かない尻尾に近い背の部分もある。また、筋がきつくて刺身や寿司に向かない部位も当然ある。


だから寿司、和食、炉端という業態ラインナップが有効に機能するのです。大トロは寿司、赤身は和食、筋の部分は筋を取り除きマグロのユッケや鉄火巻きの芯として炉端で使うことができます。その結果、部分買いよりはるかに安い価格で同じものが提供できるのです。（小嶋）

がんこが成長するにつれて、この方式の進化が要求されるようになった。がんこが中心として進めている和食の構成比が多くなったので、購買比率をコントロールしなければならなくなったこと、店舗数の増加に伴って購買量が増えた結果、より大量に購買する必要性が生じたこと、そして何よりも他社と違う高品質を追求するのであれば、商品の購買から商品の開発に進化しなければならないという点がその理由である。

購買という発想を捨てました。創造することがマーチャンダイジングの基本になってきたのです。そのためには今までの常識、ルール、観念を捨て、新たな視点でシステムを構築することが必要だと考えました。学生のとき、知人の青空市場を手伝っていたんですよ。朝市場に行ってその日に売る魚を仕入れます。そして自分たちで刺身にしたり柵にしたり、また干物を作ったりしてお客様に提供していました。それが自分とマーチャンダイジングとの最初の接点でした。（商品戦略を担当する専務取締役商品本部長の中村英輔）

最初に取り組んだのが、核商材である魚の開発である。魚は餌、海流、水、生育環境などの外的条件でその品質が決まってしまう。天然魚が育つのと同じ環境を作ることが

◆がんこブランドの素材である「がんこ鯛」

できれば、天然魚に遜色がない魚を作ることもできる。さらに、天然魚に足りない要素を足すことによって、天然魚よりも高品質な魚を作ることもできると考えた。

しかし、このような考え方を漁業者は〝できない〟と一蹴した。たしかにその通りであろう。一般的には養殖魚よりも天然魚のほうが上質と考えられている。その常識に縛られていたのであれば魚の品質を改革することはできない。しかし、生育条件という原因があり、魚の品質という結果が生じると思考すれば、生育条件を変えることで結果が変わるという結論を得ることができる。この発想はたしかに正しいが、一方では従来の養殖漁業の否定になるのである。その否定を進化と捉えられる漁業者を探して日本中を歩いた。その結果、がんこのコンセプトを歓迎する若い世代の漁業者を見つけることができた。

がんことしては非常に高いリスクを負うことになります。生育方法が間違っていた場合、品質の良くない魚を大量に在庫することになります。また、病気や災害によって収穫ゼロということもあります。そのリスクを負ってでも開発しなければ、次元の違う品質の魚を確保することはできません。（小嶋）

そのリスクを覚悟で魚の開発に取り組み、徐々にがんこブランドの魚のラインナップを作り上げていった。まぐろ、えび、鯛など、和食の核となる魚の自社規格化を実現し、メニューにラインナップを始めている。

また、和食にとっては野菜も重要な商材である。春夏秋冬、季節が移ろう日本において、野菜を次々と切り替えていくのは難事業である。市場で調達する場合は、市場に流通しているものを購買するだけでよいが、自社規格で生産するとなれば産地選定、収穫期間の指定、メニューとの同期を図らなければならない。これを生産者と共同でデザインしていく必要があるのである。

最終的にはシステムではありません。生産者の「いいものを作りたい」というモチベーションとがんこの「いいものをお客様に提供したい」という思いが共通にならないと、この事業はうまくいきません。なぜなら私たちの取り組みはある種の「革新のために伝統を変える」ことなのです。（志賀）

たとえば、がんこは九州のある山麓で野菜を作っている。なぜ山麓かというと、第一に山の標高差を活用すれば同じ場所であっても収穫時期をコントロールすることが可能になる。そのため、産地分散型収穫よりも物流コストを大幅に下げることができる。第二に山麓から山頂近くまでを耕作することで、自社の畑より川上に畑のない状態を作る。いくら自社で有機や無農薬を標榜しても、川上で農薬を使用された場合どうしても水や空気に農薬が混入してしまう。品質に責任を持つというのであれば、そこまでしないと完結することはできない。

こうして収穫したものを自社で使用するわけであるが、このときに重要なのがメニュー構成とセントラルキッチンの活用である。自社規格で生産してもらう関係上、要求したサイズから外れる素材が当然発生する。曲ったきゅうりや変形した大根は、日本の市場ではどうしても評価が下がる。そのような素材を活用して、セントラルキッチンでたとえば漬物を製造する。漬物の場合、最終的にはスライスして使用するので形がおかしくても問題はない。

通常のルートで野菜を販売する場合、これらの野菜は廃棄処分になってしまいますが、がんこは全量購入することが可能です。農家にとっては廃棄率が下がり、がんことしては原価率が下がります。〝旨くて、安い〟を実現するためには、こうした基本的な構造から作り上げていく必要があるのです。（中村）

また、がんこはマーチャンダイジングのための構造を、収益のための構造に変革している。これはいったいどういうことなのだろうか？

通常購買部門であれば、バイヤーの人件費や活動費、輸送費、製造部門の設備費などを使用するコスト部門である。しかし、がんこは購買の仕組みを改革し、そこから収入を得ることで、このコストを相殺するとともに、逆に収益を上げる仕組みを確立しているのである。

〝言うは易し〟です。しかし実現するには実に五年の歳月を要しました。（中村）

一例を挙げよう。たとえばトラックで商品を店舗に届ける場合、帰りの便の荷台は空の状態である。このトラックを取引先の倉庫や営業所につけて商品を引き取る。そうすることによって物流収入を上げるとともに、従来店別納品であったコストをゼロにする、二重の効果があるのである。また、たとえば瓶で仕入れていた調味料をローリーで購入し、小分けして店舗に納品する。その結果、リパックで必要なコスト以上に購入価格が下がるために大きくコストダウンを実現する。マーチャンダイジングの仕組みを変えることで、このようなことが可能になるのである。

経営と環境の両立——環境への取り組み

近年、経営学の分野でＣＳＲという単語が現れ、それが日常語と化しつつある。二〇世紀を通じて物質的な豊かさを追求してきた人類にとって、経済活動の結果生じる環境負荷をいかに軽減していくのかは大きなテーマであり、企業としての責任でもある。環境負荷を軽減することは、企業にとってある面で新規事業創出の機会であるとともに、一方では環境投資、環境税などといった大きなコスト増加要因でもある。

中小企業が多く、かつ有害な化学汚染物質を排出するわけではない外食産業は、比較的環境規制の少ない業界であった。しかし、人口増加によって食料が無尽蔵のものではなく貴重な資源となり、いまや食糧安全保障という国家戦略上の位置づけになった食を扱う産業にとって、食品廃棄の問題は喫緊の課題となってきた。

また、かつて安心と安全はただと言われた時期もあったが、水はもはやただではなく、貴重な資源となっている。飲食店では水を有害物質で汚染するわけではないが、たとえば米を研いだ後の米ぬかなどを含む水はBODを含むため排水として良い状態ではない。このように、社会環境の変化に伴って外食産業も一定の環境基準をクリアする必要が生じてきた。

環境負荷への適応をコストの一つとして認識してはいけないと思います。商いをすることと、環境負荷に対応すること、これを一つの循環にする必要があると考えています。たとえば昔の日本家屋は紙と木だけで作られています。家が不要になり、廃屋になれば最後は土に還るのです。またある地域では、村を流れる川の最上流は飲み水や煮炊きに使う場所、その下は野菜や果物を洗う場所、その下は衣服の洗濯所、最下流は食器洗い場だったのです。日本の文化は伝統的に循環型社会になっていたのです。（小嶋）

たしかに理屈はそうであろう。ではどうやって、このコンセプトを企業の仕組みとして組み込んでいくのであろうか？

たとえば、がんこはえびを海外で生産している。入り江や湾にえびの稚魚を放ち、自然の環境で野放しにして育成する。大きくなったえびを水揚げして加工し、製品としてがんこの店舗に出荷するのである。

このえびの品質を決める大きなポイントは、水に含まれる栄養分である。栄養価を高めるためには、プランクトンが生育する環境を整える必要がある。その環境作りのために、がんこは入り江にマングローブの木を植林している。

これには三つの意味があります。まず植林をすることで破壊されつつある自然環境を保護することができます。また、マングローブの苗を買うことで、少しでも経済効果が生まれるとともに、現地で植林するために、現地に雇用が発生します。その結果、当社は品質の高いえびを、低いコストで購買することができます。

（物流センターやセントラルキッチンの機能がある商品センターの責任者である商品本部副本部長の吉田宗利）

また、兵庫県豊岡市では生態系の保全と商品作りをリンクさせている。豊岡市はコウノトリを自然環境に放鳥するとともに、コウノトリが自然の中で育ち、繁殖することができる環境作りに取り組んでいる。コウノトリは餌として周辺の畑や田に実る収穫物を食べるため、健康面に配慮して周辺農家は農薬を使わずに作物を育てている。当然、虫食いのある野菜や形の良くない作物ができてしまう。

現在、日本の市場では、これらの作物はどうしても低い価格で取引される。がんこは豊岡地方で産出される黒大豆を購入し、豆腐製品の原材料として使用している。豆腐の場合であれば豆乳を作るために豆を絞ってしまうので、原材料の形状は品質に影響しない。むしろ減農薬の素材を使用するために健康によく、味の良い豆腐の材料になる。製品化された豆腐には〝コウノトリの里　黒豆おぼろ豆腐〟と銘打ち、良い環境で育った大豆を原料としていることを訴求するマーケティングにも活用している。

生産現場だけではない。流通部門でもこの〝三方よし〟の実践を行っている。たとえば店舗に納品する肉の梱包方法の変更である。従来はカットされた肉をプラスチックのトレイに並べ、その上から真空包装をして店舗に納品していた。この方法は二重包装になっているので、コストが高いうえに廃棄物の量も多くなる。流通段階の包装に必要なのは食材の衛生状態と保管状態を確保することである。プラスチックのトレイを抜くことで、肉の原価を下げるとともに、廃棄物の量を削減した。
また、野菜や乾物などの素材は、ダンボールに梱包されて商品センターに納品される。ダンボールは、たしかにリサイクルの対象となるが、素材の輸送容器としては一回しか用いることができない。そのうえ、ダンボールは商品によってサイズが異なるため、ダンボール梱包のまま商品センターから出荷してトラックに載せると積載効率が悪くなるので物流コストが増加する。効率の悪い物流はたくさんのトラックを走らせることになるため、CO_2の排出量が多くなる。がんこではダンボール輸送をやめ、同一サイズの輸送容器を用いた配送に変更することで、包材費と輸送費の圧縮を図っている。

がんこでは、店舗における食品残渣の削減にも積極的に取り組んでいる。残渣を含む食品廃棄の問題は、食に携わる企業全体にとって非常に大きな課題である。ある統計によると、日本の食品廃棄は年間で約一、九四〇万トンであり、その約半数が家庭から、残りは食関連産業からである。貧困救済のために世界中で実施されている食糧援助の年間総トン数が約七四〇万トンというから、いかにこの問題が深刻か理解できる。

食品廃棄の問題は重要であるが、一方で販売面を考えるとボリュームもまた重要である。たとえば惣菜を陳列する場合、販売想定量と同数陳列すればロスはゼロであるが、陳列されている商品が少ないと購買意欲はどうしても減退する。また、回転寿司店でアイドルタイムに客数が少ないからといって、レーンに寿司をほとんど流さない営業をすると、顧客満足度が大きく減衰してしまう。廃棄と販売、このバランスをいかに取るかが難しいのである。

食品残渣は顧客が自分で自らコスト負担をしているにもかかわらず消費できないため、顧客満足度の大きな低下要因でもある。また、企業の側から見た場合、残渣は食品廃棄コストであるとともに原材料費のロスになる。誰にとっても不幸な結果を招いているのである。このようなことから、がんこでは食品残渣量を計測し、魅力的ではあるが、廃棄量を削減できる商品設計を実施している。

がんこの特徴はお値打ちです。それは商品のボリュームにも現れています。たとえば業界で先駆けて販売した穴子一匹を使用した〝穴子の一匹握り〟や、直径一五センチを超えるサイズの〝ジャンボコロッケ〟など、ボリュームがたくさんある商品が多いのです。これをお客様に安く提供しようとするとどうしても原材料を安くという方向になってしまいます。しかし、がんこはそういったアプローチではなく、ムダを省いたり方法を変えることで、お客様においしいものを安く提供できる余力を生み出しています。そのためには、こうした地道な努力が必要

だと考えています。（中村）

システム力——人間の日常行動を科学する

がんこは業界の中でも早くから情報システムを企業の中に取り入れてきた。ＰＯＳは会計システムであるとともに、注文情報を記録するデバイスであり、実際の現場オペレーションを支えるシステムでもある。ＰＯＳは外食産業の生産性向上に寄与したと言ってよかろう。

しかし、がんこはこれまでのＰＯＳシステムに本質的な違和感を覚えていた。ＰＯＳが開発された小売業界の場合、顧客購買情報を即座に本部に転送してリアルタイムに何が売れているかを把握する。そして、過去データおよびリアルタイムデータに基づいて販売数の変化を予測し、在庫を最小にするとともに販売を最大化する商品数を求めて店舗に発送する。たとえば朝はパンが売れるが昼は弁当やおにぎりが売れる。食後はお菓子やデザートの構成が多くなり、夜になれば再び弁当とサラダなどのサイドメニューが売れる。この変化に応じて棚割と販売数を変化させているのである。コンビニエンス業界は店舗——本部——流通というオープンな情報循環が重要なのである。

一方、外食産業の情報循環プロセスは大きく異なる。料理の注文情報をリアルタイムに活用するのは店舗である。たとえば刺身を担当するポジションの従業員が知りたい情報は、どの種類の刺身が何人前オーダーされているのかである。ＰＯＳには全注文情報が登録されているので、注文数や時間経過は記録されている。しかし、ＰＯＳは注文情報をキッチンに設置されたプリンターで印字して、それを従業員に伝達しているだけである。

実際の注文数を正確に把握するには、注文伝票が印字されるたびに人間が数量を数え直す必要がある。この作業は、暇な時間帯であれば可能であるが、繁忙時間帯ともなると、場合によっては何十という注文が短い時間帯に集中するため、この注文状況の正確な把握は、事実上不可能と言ってよい。

また、お待たせしないスムーズな料理提供が重要なことは言うまでもないが、時間管理のためには、従業員が個別料理の経過時間をリアルタイムで把握する必要がある。これも忙しい時間帯の従業員にとっては無理な注文である。従来のＰＯＳシステムによるキッチンオペレーションでは、料理の製造能力を、依然として従業員の記憶力や経験年数、スキルに頼らざるを得なかった。

このことは、人間の記憶力には限界があるため、一定以上の規模の店舗を運営することは難しいことを意味している。このように、外食産業の店舗は〝店舗〟という閉じられた空間での情報循環が必要なのである。しかし、ＰＯＳシステムはコンビニエンス業界のオープンな情報循環を前提として設計されている。リアルタイム性を求められる店舗では情報を紙で個別に扱い、リアルタイム性を要求されない本部ではデータを統合的に活用している。情報循環を店舗で完結させるシステム開発が外食産業では重要になる。

この問題をクリアするために、がんこでは新たなＰＯＳの開発に二〇〇六年から取りかかった。可能な限り現場のオペレーションの実態を把握して改善するために、要件定義にはコンピュータ部門や営業部門の従業員だけでなく、調理部門の従業員も参画した。現場サイドの意見を聞くと、やはりＰＯＳに登録されている情報活用の可能性が新たに発見できた。

がんこの場合は大型店が多いため、一店舗に調理場が複数あることが多い。たとえば梅田にある店舗は六フロアー、約五〇〇席の規模である。これだけの客席に対応するため、調理場は合計四フロアーに分かれている。この規模になれば、調理長が全調理場で起こっている状況を把握するのは困難である。

ＰＯＳによって、他の調理場における料理の注文状況をリアルタイムに把握することで、その場に居なくても注文状況を正確に把握することができるようになる。また、これまでのＰＯＳは、調理場に紙伝票で注文情報を伝えているため、伝票を破損、汚損、紛失した場合、料理を正確に顧客に提供することができない。従来のＰＯＳで調理伝票を再発行する場合、レジ機能を備えたターミナルでどの伝票を失ったかを調査する必要がある。しかし、現実問題としては失った伝票がどのテーブルから注文されたものであるかを従業員が把握することは実質的に不可能である。

この問題をクリアするため、がんこでは液晶ディスプレイに料理の注文情報を表示し、調理終了後にディスプレイを操作して伝票発行できるようにすることで伝票検索を容易にした。

約一年間の開発期間を経て完成した実機を店舗に導入し、効果性を実際に検証した。がんこの現場主義は導入のときにも徹底されている。社内のコンピュータシステム開発部門の担当者、営業担当者に加えて開発業者も現場のオペレーションに参加して実際の不具合や課題を発見するのである。その後、要件定義や機器構成、機能の修正を再度行った後に、本番導入を行うという手法を採用している。

よくあるミスは、システム部門の実現したい機能を盛り込んだ結果、オーバースペックになることです。また、開発業者主導でシステム構築をした結果、システムとしてはいいのだけれど、現場では使いづらいということがよく起こります。当社の場合、要件定義、現場導入まで現場主体というスタイルを貫くことで、現場のオペレーション改善に効果のあるシステム構築を心がけています。（畑田）

システム導入の結果、現場の料理提供速度は平均約一五パーセント向上した。客席数が決まっている外食産業にとって、料理提供速度向上による客席回転率向上は、生産性向上に直結する。

また、がんこは商品企画にもコンピュータサイエンスを持ち込んでいる。外食産業で商品を企画する際、原材料の構成や調理方法を記述した〝レシピ〟と言われるものを作成する。伝統的にレシピには、原材料とともに串、アルミホイルなど料理に使う資材関係は計上されるのだが、製造原価に大きな影響をおよぼす労務費はこれまで計上されていなかった。

ファストフードの場合であれば、ハンバーガーのパティを焼き、間に具材を挟んでソースをかけた後に梱包するという工程があり、それを計測して労務費を計算すればほぼすべてのハンバーガーに適用できます。一方、日本料理の場合、料理ジャンルは非常に幅広く存在します。すべての料理で工程が違うわけですから、労務費を把握しようとする場合、すべての料理を企画するときに計測を行う必要があります。しかし、数百種類のメニューを月代わりで変更するがんこの場合、これは非常に困難です。（志賀）

ある日本料理の事典に掲載されている日本料理の数をカウントすると、じつに七九七三種類存在する。実際に作られている料理の種類は、おそらくこの何倍も存在するのであろう。これだけ多様な調理師の行動を計測するのはコスト的にも、時間的にも限界があり、現実的に不可能である。しかし、がんこは調理行動の構造解明をじっくり行い、それを基礎にして労務費シミュレーションが可能なシステム構築に取り組んだ。

飲食店では一般に原価三割、人件費三割、経費三割などと言います。じつに三〇パーセントにおよぶ労務費が正確に捉えられていないのであれば、正確な値付けができません。たしかに調理工程は多様に存在しますが、要素を分解すれば〝切る〟〝串を打つ〟などの基本的な動作を組み合わせているわけです。ゆえに、調理作業の計測を行うことで何らかのロジックを形成することが可能ではないか

と考えました。(下村)

たしかにそのとおりであろう。しかし、実際に計測するとなると膨大な数の素材の下処理や調理作業を書き出して類型化し、全て計測する必要がある。調理部が中心となって計測に取り組み、じつに六ヶ月を擁してあらゆる調理作業を計測した。

それは大変な作業です。毎日違う料理を作ったり、素材を下処理するわけですが、可能な限り調理する早さなどの条件を同一にしなければなりません。調理作業の構造を解明することで、労務費がシミュレーションできるようになれば、日本料理のイノベーションが可能ではないか、その思いで辛抱強く取り組みました。(竹中)

得られた調理データベースをレシピシステムに組み込むわけであるが、もう一つの課題が立ちはだかった。それはユーザビリティーの問題である。レシピを組む際に、企画担当者が全調理工程を登録する方法では、情報登録に多くの時間を割かなければならない。スピード経営が重視される現在、いかにスピーディーにレシピを組めるかは重要な経営課題である。

そこで、ユーザビリティーを確保するためのコンセプトを「従来のレシピの操作よりも工数を増やさない」とした。労務費情報を入力しなくても労務費計算可能なシステムを作ろうというのである。何社にもシステム構築を打診したが、「そのコンセプトをシステムに置き換えることはできない」と請け負う企業は出現しなかった。しかし、一〇社近く打診したところで、ある企業と提携してようやくシステム開発に取りかかることができた。

これだけ要件の厳しい開発はありませんでした。正確さと使いやすさの両立はたしかに理想です。しかし正確さを優先すればどうしても操作性が犠牲になります。要件を固めるのに約二年を要しました。（畑田）

こうして開発されたシステムは、正確性の現場検証を経て導入された。システムの導入によって今まで見えなかった商品別の収益構造が見えるようになり、たとえば投入されている手間と顧客満足の関係、販売構成比と収益の関係など、多くの検証が可能になった。

今まで勘と経験で「この商品の収益性が高い」とか「お客様にとってこの調理工程はいいのか」を検証してきました。その仮説が正しいかを検証することはできなかったのですが、新しいシステムの導入によって見えない調理工程の可視化が実現できたため、より正確に損益情報を把握できるようになりました。（システム開発に関わるとともに営業部門の数値分析を担当する営業推進部次長の大浦秀一）

結局、システム力の源泉は人間力なのでしょう。優れたシステムを組もうとしても設計をするのは人間です。システム構築の目的はお客様満足の実現であり、より良い現場作りなのです。いかに現場とシステム部門の従業員が協働し、現場に立脚したシステムを組める組織環境を構築するかが経営者のするべきシステム構築だと考えています。私は文系人間なのでコンピュータサイエンスは素人です。しかし、「道具は人のためにある」というシンプルな原理原則は、服であろうと、車であろうと、コンピュータであろうと一緒でしょう。（小嶋）

がんこは、コンピュータサイエンスを活用したサービス・イノベーションへの挑戦を、今後も進めていく。

コラム………………がんこのIT

調理師の技とITの組み合わせ

最初にこの装置を見たときには、正直、天と地がひっくり返るような感覚がありました。私たちが修行をしていたころ、注文は接客係の人が口頭で伝えてくれたものを記憶し、書いてくれた伝票を覚えて一品一品調理していたものです。当然料理を出す順番を間違え、注文から時間が長くたっているのに気づかず、クレームが発生することも多々ありました。外食産業では、この一〇年から二〇年でPOSが導入されましたが、POSも注文を紙で調理場に伝えるため、基本的には同じ問題を抱えていました。

しかし、新しいシステムはお客様の注文情報を紙ではなく、調理場に設置されているマルチディスプレイという液晶タッチパネルに表示されます。このディスプレイにはどの料理が何人前注文されているかが常に表示されているので、伝票をいちいち数えて同じ種類の料理が何個通っているのかを確認する必要がありません。また、料理ごとに「何分経過している」という情報が常に表示されているので、お客様をお待たせしているのか、スムーズに料理が通っているのかがわかります。がんこは外食産業の中でも先

駆けてＰＯＳの導入をしてきたという話を聞いています。今でもがんこのＰＯＳは現場改善のために、顧客満足度の向上のために進化していると実感しています。

私たちも人間です。年を重ねるとともに、調理技術やお客様の気持ちを理解するといった技能はついていけますが、同時にたくさんの注文を暗記するようなことは苦手になっていきます。風味や盛り付けのセンスのような、調理師が長年の経験によって得た〝技〟と、コンピュータのような新たな武器を組み合わせることによって、私たちの調理場はよりおいしい料理を、お客様に提供することに集中できるのです。

私たちはアナログ世代です。新しいシステムが入ってくるたびに難しい機能や〝小さい文字〟と格闘しなければなりません（笑）。しかし、私たちの属する日本料理のような伝統産業でも常に新しいものを取り入れる気風が重要だと思います。たぶん、時代を超えて残ってきた伝統技術は、常に時代の変化を捉え、新しいものを進取の気風で取り入れてきたのです。若い連中には、「包丁を磨くのと同じように、新しい技術を学び、取り入れるように」と指導しています。

現場サイドから見て、システムを開発する人たちに言っているのは〝使い勝手〟です。たとえば携帯電話でも、使いきれないような機能がたくさん付いています。でも私たちは使いもしない機能にお金を払っています。たとえばディスプレイでも水への強さ、画面表示に気づかないことがあるから音で知らせてほしい、音が同じであればどの調理場所で注文が通ったかわからないから音の種類を変えてほしい…、これらは設計段階でわかることではありません。がんこ流のＩＴシステムは、チャップリンの映画〝モダンタイムス〟のように人間が機械に振り回されたりするのではなく、お客様や従業員といった人間のためのＩＴであり続けてほしいと思います。（桃谷店調理長　魚谷和弘）

第5章
外食産業のイノベーションに向けて

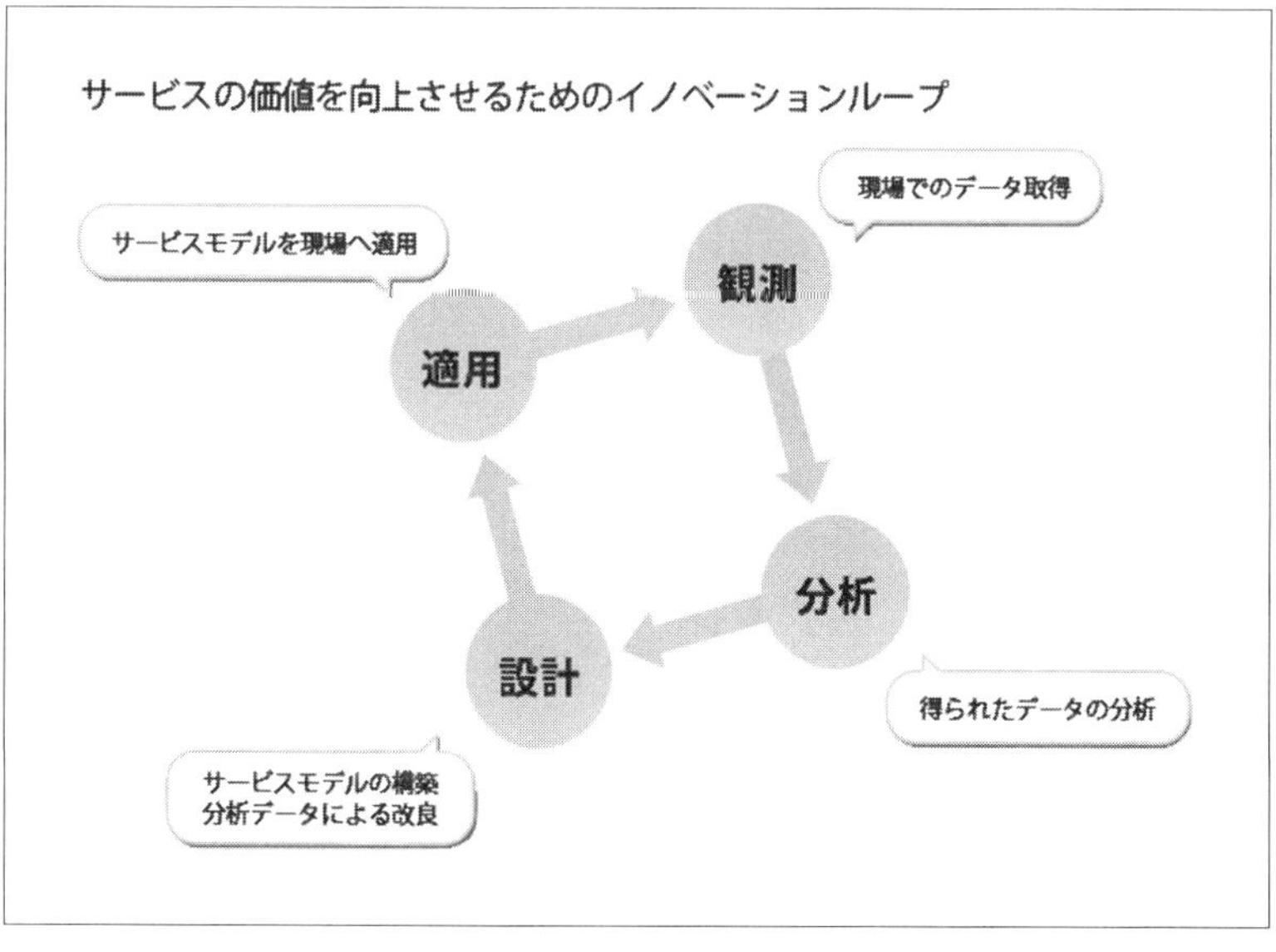

（内藤耕編著『サービス工学入門』東京大学出版会、2009）

サービス工学と外食産業

二一世紀の外食産業は大きな構造転換期に差しかかっている。

日本はついに人口減少社会に突入した。人口減少社会の影響は業界によって異なる。たとえばインターネットによる音楽配信ビジネスは場所に縛られないため、仮に国内マーケットが縮小しても、国外向け配信事業の強化を図ることは比較的容易である。一方、同じ音楽市場であってもコンサートを企画運営するサービス産業の場合、人口減少は即観客動員数の減少に影響をもたらす。このコンサートビジネスと同様に、外食産業も事業が場所に強く既定されるため、人口減少社会において事業規模を維持し続けることは容易なことではない。

企業として成長を図る場合、異分野への進出とともに、海外市場への展開を視野に入れることはきわめて自然な成り行きである。国内マーケットであれば、言語も文化も共通である。これまで蓄積した様々な経験をもとに、自らの企業戦略を構築して実行することはそれほど難しいことではない。しかし、言語も文化も異なる地域で新たに事業を展開しようとする場合、文化や習慣といった基盤が異なるため、国内と同様の戦略は通用しない。したがって、勘と経験に替わる新たな思考法や仕組みが要求される。

また、人口減少社会は顧客の減少とともに、働き手である従業員の減少という両面の課題を抱える。日本の場合、高齢化よりも先に少子化が進んできたため、若年労働者の確保はすでに産業全体にとって大きなテーマとなっている。たとえば金融サービスの場合、コールセンターや請求書封入作業を海外に移転している。また、英文翻訳サービスの場合、顧客から依頼された原稿を海外の社員に転送して翻訳することも可能である。

一方、外食産業のような労働集約的な産業の場合、サービスの提供現場には必ず一定の人数の従業員を配置する必要がある。流動性の高い主婦や学生などのパート社員の戦力化、年齢を重ねても働ける職場づくりなどがこれまで以上に必要になってくる。企業としては、少ない人数でもサービス現場のオペレーションを改善し、顧客満足を継続的に向上させることのできる仕組みを構築することも必要となる。また、パート社員などの活用を実現するためには、正社員雇用主義が前提とする〝従業員の経験蓄積を源泉としたサービス向上〟ではなく、〝加速度的にサービス品質を向上させる仕組み〟がサービスの提供現場の中に必要となる。

これらは、外食産業を含むサービス産業がイノベーションを実現するために直面する非常に大きな課題である。そして、このサービス・イノベーションをより効率的に実現するために、産業技術総合研究所、東京大学、サービス産業生産性協議会などで、科学的・工学的アプローチを活用したイノベーション推進基盤の理論体系として〝サービス工学〟がここ数年急ピッチで整備されはじめている（たとえば、内藤耕編著『サービス工学入門』東京大学出版会、二〇〇九）。

一方、産業界の実情は〝これから〟というところである。製造業においても科学的・工学的な視点による製造現場の改革や製品の品質向上に取り組んできたのは二〇世紀以降である。熟練工の技術を計測して数値化、可視化し、機械や道具に置き換える。ないしは人間が製造するよりもはるかに多くの製品をより品質高く作ることのできる産業機械を開発して生産現場に導入する。そこには無数の現場技術者や従業員のたゆまぬ努力が存在した。

サービス産業はどうであろうか？　サービス産業は時と場合によって求められるオペレーションが異なるうえ、サービスの提供者によってしばしば品質が変動してしまう。顧客サイドも同じで、サービスに対する満足度は、同じ内容のサービスであっても常に一定である保証はない。さらに、ある時点で満足度の高かったサービスが、他の時点では不満足要因になることも十分に起こりえた。同じ作業を繰り返し生産することがなく、顧客や従業員の心理状況や環境が常に変化するサービス現場に、科学的・工学的アプローチを導入することは困難であると考えられてきた。ゆえにサービス産業は、人間のセンシング機能に現場計測をゆだねたのである。

この結果、サービス品質は人に依存するうえ、退職などによって蓄積された多くの知見が失われる構造となり、持続的にサービス品質向上を実現することが難しいという現状を打破できずにいた。そのうえ、顧客満足やおもてなしは科学的・工学的アプローチになじまないという考え方がしばしば散見される。先に述べた「QCはサービス産業になじまない」という思想にもつながると言ってよい。この先入観が、サービス産業に科学的・工学的アプローチ導入を大きく遅らせる要因となったと言えよう。

では、サービス産業だけに問題の根源があるのであろうか。決してそうではない。たとえば教育研究機関である大学では、工学分野の学生は製造業に就職することを前提としている。生産工学を学んだ学生が外食産業に身を投じ、オペレーション改善を通じてサービス・イノベーションを起こすという発想はこれまで少なかったであろう。また、コンピュータサイエンスを学んだ学生もIT系の企業に進むのが常道であり、サービス可視化のためのコンピュータ技術開発を通じてサービス品質を向上させるという発想はなかったと思われる。

さらに、サービスとはホスピタリティーマネジメントやサービスマーケティング分野の研究対象であったと言える。自然科学や工学系の研究者も大きく貢献できる学術領域であるという認識はこれまでそれほどあったわけではない。サービス工学研究の推進、科学や工学の知見の集積、サービス産業界の意識改革、この三つが揃ってはじめて個別のサービス企業において、イノベーション推進の種が確立されると言ってよかろう。

サービス工学導入によるイノベーションで誤解してはならないのは「科学的・工学的アプローチの導入によって省力化を図る」ことが第一の目的ではないということである。サービス工学は、チャップリンの映画〝モダンタイムス〟にあるような、人間の働き場所を機械が奪い、人間の可能性や創造性、やりがいを奪うような学問分野ではない。近江商人が長い歴史の中で築いた〝三方よし〟という理念を実現するためのものである。

たとえば、外食産業においてサービス工学を導入しようとしたとき、従業員の動線計測による省力化を実現し、最終的に労働人員を削減することが大きな目的ではない。最も重要な視点は、顧客満足に向上しない無駄な作業を排除して、顧客満足向上につながる作業に現場で働く従業員が専念できるようにし、結果としてサービス品質向上と省力化の両方を同時に実現することである（たとえば、内藤耕『「最強のサービス」の教科書』講談社現代新書、二〇一〇）。

調理分野においても同様である。調理作業には魚を卸す、煮るといったおいしさを向上させる作業もあれば、器を運んだり待機したりするという品質の向上や効率性の追求に何も関係がない作業も多く現場に存在する。

この無駄な作業の排除によって調理師の作業を付加価値向上につながる作業に専念させることで、無駄を廃しつつ顧客満足や品質向上が同時に実現できるうえ、調理師はより高度な作業に集中することで、今までよりもより多くの調理経験を積み、技術の向上も実現することができるようになる。

サービス工学導入の目的は、あくまで人間中心主義によるよりよいサービスの実現でなければならない。

気づきサイエンス研究所——産学協同研究の場

がんこは、二〇〇九年、産業技術総合研究所サービス工学研究センターの支援を得て〝気づきサイエンス研究所〟を立ち上げた。なぜ外食産業が研究所なのであろうか？なぜ〝気づきサイエンス〟なのであろうか？

イノベーションを起こすときに重要なことは非連続であることです。たとえば、数十年前にイノベーションを起こしたチェーンストアシステムは、外食産業にセントラルキッチンやカミサリーという工場的概念を導入しました。これによって外食産業は、多拠点分散生産というそれまでの限界を克服したと言うことができます。そして、このチェーンストアシステムは、外食産業の規模的拡大に貢献していきました。しかし、物質的に豊かになった現在、産業の規模拡大ではなく、質を変えていく必要が生じています。このような環境でイノベーションを起こすためには、これまでの外食産業の常識とは違うアプローチが必要だと痛感するようになりました。そんなおりにサービス産業生産性協議会や産業技術総合研究所の取り組みを知り、〝人間中心〟のサービス工学という考え方に共感したのです。

（気づきサイエンス研究所名誉研究所長を兼ねる志賀）

気づきサイエンスの名称には人間中心主義という理念が込められている。サービス工学の最終的なゴールは顧客満足の向上であり、働く従業員のやりがいの追求でもある。そのための手法として現場を観察、分析してサービスの効果と効率を最適化するポイントを発見する。最適化を実現するためにサービス設計を行い、それを現場に適用する。

一方、サービス現場のセンシングを人のみに依存したとき、持続的な生産性向上やサービス現場の構造の理解が十分に進まないことになる。ゆえにここに〝サイエンス〟の視点を持ち込むと気づきサイエンス研究所では宣言しているのである。研究所と言っても研究員総勢は九名であり、全員が通常の職務掛け持ちという小さな所帯である。製造業のような専任研究員を抱えた研究所ではない。

サービス産業は製造業と違い中小企業が多いことが研究基盤確立を阻害したと言われています。がんこも大企業ではありませんからこの範疇に入るでしょう。たしかに研究開発に専任者を割けるほどの規模ではないということは事実ですが、サービス・イノベーションを実現するためには現場で仕事を実践し、「この問題を改善しなければならない」と実感していることも重要だと思います。そういった意味において、がんこがより大きな企業規模に成長したとしても専任の研究員という形はとらないと思います。（研究所の主幹研究員を兼ねる山本）

これは研究所のみならず、現場主義というがんこの人事に対する基本思想である。がんこも会社である以上、間接部門の従業員も多く所属している。現場主義とは、常に顧客目線に立って物事を見ることである。どうしても間接部門で働いていると現場感覚が薄くなってしまう。常に現場視点を持つために、がんこではスタッフも可能な限り店舗に立ち、現場や現実を把握するように努めている。

現場が最高のデータですよ。本部に座って営業数値や損益計算書を見ても何も見えません。それらはすでに加工された過去の情報にすぎません。そのような結果になった本質的原因は、常に現場で発生しているのです。（小嶋）

気づきサイエンス研究所ではどのような研究をしているのであろうか？

多分当たり前のことを研究していると思います。私たちの取り組みテーマはたとえば従業員が提供するサービスを本当にお客様は望んでいるのか、メニューレイアウトによってお客様の注文に関する意思決定はどのように影響を受けるのかなどです。多分現場に精通した同業者から見た場合、そんな当たり前のことをやっているのかと言われるかも知れません。しかし、その当たり前が本当なのか、その奥にもっと隠された原理原則があるのかについては誰も知らないのです。（研究員でありメニュー企画などを行う営業企画部課長の井本貴大）

この言葉で想起されるのは、一世紀前に行われたホーソン実験である。ホーソン実験は一九〇〇年代初頭、アメリカのウエスタンエレクトリック社で実施された職場環境と生産性との関係を調査する実験である。当初この実験の目的は、たとえば照明のような職場環境を良くすることよって生産性が決まるのではないかという仮説に基づいて実施された。

しかし、実験を重ねていくにしたがって、工場の生産性は職場での人間関係や重要な仕事にかかわっているという心理的モチベーションがより大きい影響を及ぼしているということがわかってきた。当時の常識としては意外な結果であったことは想像に難くない。イノベーションを起こすには、〝常を疑う〟という発想と現場での行動が重要なのである。

気づきサイエンス研究所における研究の取り組み事例

では、気づきサイエンス研究所で具体的にどのような研究を実施しているのであろうか？　研究の概要について説明した後に二、三の実例を紹介したい。

そもそもサービス工学という言葉を冠した研究組織が最初にできたのは、日本では二〇〇二年に東京大学人工物工学研究センター内に開設されたサービス工学研究部門である。産業技術総合研究所にサービス工学研究センターが設置されたのが二〇〇八年、神戸大学や近畿大学においてサービス工学研究の活動が立ち上がったのが最近であるから、技術的にも黎明期といってもよい。

しかし、既存の学問分野で開発された多くの知見がすでに多数存在するため、サービス工学分野の応用研究はかなりのピッチで進んでいると言える。しかし、サービス提供現場で実際に適用した事例はまだ存在しない。気づきサイエンス研究所における研究フェーズは、研究機関で開発された諸技術をサービス提供現場に導入するための課題抽出、現場計測によってどのようなデータを可視化できるのか、ユーザビリティー向上のための小型化、低価格化という基礎研究である。このような研究の蓄積を通じ、実践的技術開発を行うとともに、社内の従業員がこれらの技術や知見を活用できる能力を身に付けるための教育を行っている段階である。なお、これから紹介する二つの取り組みは、経済産業省のサービス工学技術基盤開発に関わる研究プロジェクトの一環で実施されたものである。

屋内測位端末とＶＲ技術を用いた従業員行動の可視化

外食産業のみならず、人間主体で提供されるサービス現場では、従業員のオペレーションを観測し、継続して改善することが重要である。たとえば、現場の従業員が呼ばれても即座に対応できないいわゆる〝接客遅れ〟が発生する場合、従業員に対する何らかの作業負荷が高く、求めにスムーズに応じることができない状況がその背後にある可能性が高い。このような問題は、現場にいくらでも散在している可能性がある。

したがって、スムーズなサービス提供のためには、刻々と変化する従業員の作業をきちんと計測し、無駄を省くとともに、顧客満足が向上する作業に専念できるようにしていく必要がある。この手の研究はこれまでインダストリアル・エンジニアリング（いわゆるＩＥ）などの分野では実践され尽くされていると考えられ、特段新しい研究テーマではない。

しかし、製造業の場合であれば、工場のレイアウトや設備生産能力などは固定的であるため、行動計測の結果に基づいて作業方法やレイアウトを変更することが比較的容易である。一方、外食産業のようなサービス産業を見たとき、来店客数や注文される料理は毎日変化するため、ある作業条件で行動計測して作業改善を行っても、違う日になれば作業条件が変化してしまう。そのうえ、メニュー変更や季節の変化などの条件によっても料理の出品構成や材料が変化するため、高頻度に、究極的に言えば毎日行動計測をして作業上の問題点を発見し、継続して改善していくことが望ましい。

しかし、前にも触れたように、毎日現場に計測員を配置して、行動計測することは現実的には不可能である。しかも、行動計測を行ったとしても、計測員が全従業員の作業を記録し、時系列データ化することはきわめて困難である。このようなことから、これまでの店舗における作業改善や稼動計画は、店長や調理長の経験と勘に依存しているところが多かった。

そこで、気づきサイエンス研究所では、RFID（Radio Frequency Identification、電波による固体識別）やPDR（Pedestrian Dead Reckoning、慣性センサや磁気センサによる移動量計測）を用いた屋内測位技術を活用し、従業員が屋内測位端末を身に付けてサービスの提供作業を実際の現場で行った。そして、その位置情報をデータ化するシステムを用いて、従業員の行動を計測し、作業の可視化も産業技術総合研究所サービス工学研究センターとともに図った（詳しくは、石川智也、興梠正克、蔵田武志、〝サービス現場の実験室化のための従業員行動計測技術とその精度評価〟、日本人間工学会誌第四六巻特別号（日

本人間工学会第五一回大会講演集）、二〇一〇）。

屋内測位端末とは多くのサービス産業で働く人にとってちょっと耳慣れない言葉であるが、ＧＰＳやカーナビで得られるような情報が屋内でも得られるような技術と言えばイメージできるであろう。一定の時間間隔で位置情報を通信する、または端末側のメモリを使うことで、作業動線を記録することが可能になる。また、開発された位置計測システムは、従業員の行動を二次元、すなわち紙の上に描いた動線記録のような状態ではなく、さらに三次元で記録していることも大きな特徴である。

◆実際の計測で得た画像

すなわち〝立つ〟〝座る〟〝加速〟〝減速〟などの人間がとる動作情報まで計測可能にすることを目指し、それぞれの場所で、どのような作業を行っているのかをある程度の精度で理解できるようにする。

さらに、従業員の作業記録をわかりやすく理解するために活用されているのがバーチャルリアリティ技術である。店舗の図面とデジタルカメラの画像データをもとにして、短時間、低コストで店舗をコンピュータ上で三次元的に再現することができる。コンピュータ上で再現された店舗に屋内測位端末で記録した従業員の作業動線を重ね合わせると、従業員個人別の作業記録がすべて再現可能になる。

これらの技術で再現された従業員の作業記録をもとに、いくつかの分析と設計を行うことができる。たとえば生産性が高い従業員とそうでない従業員にはどのような作業の違いが生じているのかを分析することで、効率高く作業できる従業員の経験を定量的に捉えて、他の多くの従業員に教育することも可能になる。

あるいは、ＰＯＳデータを組み合わせることで、時間帯別や個人別の作業負荷を調査し、オペレーションが乱れる閾値を発見して、稼動計画のあり方を検討したり、オペレーション負荷が一定以上になった段階でアラームを発し、クレームが起こる可能性を下げるようなシステム開発にも活用できる。また、従来のインダストリアル・エンジニアリング技術が取り組んできた作業の無駄の発見による作業性の改善にも十分有効であろう。

これらの技術の課題は第一に装置の装着負荷の軽減である。従業員が日常作業で負担なく装着するためには小型化は必須条件である。小型化するとどうしても価格が高くなる。いかに小型化を低価格で実現するかは、従業員数が多く、営業拠点数が多い外食産業では導入推進についての大きなテーマである。また、これらの端末が出力の高い通信をすると発熱をし、従業員にその熱が伝わってしまうという課題もある。リアルタイムで低出力で省電力の無線通信方式を採用したり、装置側にデータを記録することで通信自体をしないようにするなどして、発熱を抑える必要がある。このような取り組みは、装置のバッテリ消費を抑えることにもつながる。

第二の課題はサービスデータとの統合的分析である。屋内測位端末で記録した従業員データは、あくまで従業員などの提供者側の情報でしかない。サービスの現場では、従業員によるサービスの提供と顧客によるサービスの消費が同時に進行していく。サービスの研究で重要なことは、顧客側のデータをいかに同じ現場で計測できるかどうかである。今後、ＰＯＳなどを活用して、情報を可能な限り統合的に分析する技術開発を実現することも必要である。

ＣＣＥを活用したサービス現場における需給ギャップの分析

ＣＣＥとは何であろうか？　聞きなれない言葉である。正式には〝Cognitive Chrono-

Ethnography〟の略であり、日本語では〝認知的クロノエスノグラフィー〟と言い、産業技術総合研究所サービス工学研究センターが開発した（詳しくは、北島宗雄・内藤耕編著、『消費者行動の科学』東京電機大学出版局、二〇一〇）。エスノグラフィーとは民族誌学という意味であり、個人や集団の行動をビデオ映像や観察員を用いて記録し、行動観察対象者に細かくインタビューすることで、アンケートやインタビューに現れない人の深層的な心理やニーズを理解する技術のことである。POSやアンケートが顧客のニーズや意見を〝マス〟として捉え、それを定量的に扱おうとするのに対して、エスノグラフィーは定性的に捉えることを目指している。

かつて、消費者の行動が〝十人一色〟と表現された。高度成長期に三種の神器と言われたテレビ、冷蔵庫、洗濯機はどの家庭でも競って購入した。また、自動車が普通の所得で買えるような価格になると爆発的に普及していった。このような時代であれば、顧客をマスとして捉え、顧客のニーズを量的に理解する手法が有効であった。

しかし、物質的に豊かになり、人々に充足感が出始めると、現代の顧客は〝一人十色〟と喩えられるようになった。たとえば、外食産業の場合、ある顧客が常に同じ行動を繰り返し取るとは限らない。ある日は時間がないためにファストフードでハンバーガーを食べる顧客が、別の日にはおいしい料理を楽しむために高価なフランス料理をレストランで食べるという行為が日常的に起こる。

また、高級ブランドのバッグを持った消費者がファーストファッションでジーンズを買うという行動に違和感はないであろう。製品が満たされた成熟社会での消費行動を理解するためには、ＰＯＳデータやデモグラフィック変数のような量的なデータだけではなく、時と場合によって変わる嗜好や行動を観測・記録し、それを分析することによって理解していく必要がある。それを実現するための手法がＣＣＦである。

消費者の嗜好を知ることは、サービスを設計するとき非常に重要である。従来から外食産業では、熟練従業員の経験と勘に基づいて、最も適したサービスと思われる方法をマニュアル化して、従業員に教育を施してきた。しかし、熟練従業員が顧客ニーズを正しく捉えているとは限らない。

ある店舗で受けたサービスが、顧客から見た場合〝良くない〟と感じることは日常生活でよくあることである。実はこの〝顧客ニーズと従業員の提供するサービスの不一致〟がサービス産業の生産性向上を阻害する最も大きな要因となっているのである。たとえば、従業員が十種類のサービスを提供したとしよう。そのサービスに対して顧客が望むものが六、望まないものが四あるとしたとき、顧客満足に資するサービスは六にしかならない。顧客の望まないサービスは無駄なコストとなるどころか、場合によっては

「そんなサービスは望んでいない」という顧客不満足要因になる可能性も秘めている。顧客の求めを正確に理解し、サービスの内容が現場でリアルタイムに設計できるようにすることは、顧客と従業員のどちらにとっても非常に重要なテーマなのである。

ＣＣＥによりサービス現場における需給ギャップを分析することができる。ここで実施しようとしているＣＣＥの調査手順は以下のとおりである。まず年齢、利用目的、日常生活での飲食頻度など、いくつかの条件で顧客層をセグメント化し、その条件に当てはまる〝エリートモニター〟と言われる顧客をインターネットで募集する。次にエリートモニターに実際に飲食をしてもらい、その様子を複数のビデオカメラで録画する。その後、そのエリートモニターに、ビデオ映像を見てもらいながら、飲食時の行動の心理的背景を専門家がインタビューによって聞き出していく。一見単純なプロセスであるが、この手続きにいくつか重要な要素が含まれている。

一般的なインタビューやアンケートでは、被調査者は、自分の記憶や感覚に基づいて回答するが、人間の記憶はあいまいであるため、正しく飲食時の心理を表したものであるとは限らない。また、回答時にはどうしても本音ではなく、無難な回答をするものであり、また、それぞれの回答の辻褄を合わせようとしてしまう。そのため、顧客の真のニーズを反映した答えを得ることは難しい。一方で、ＣＣＥの場合は飲食時の映像をもとにインタビューを行うので、あいまいな記憶をクリアにすることができる。そのうえ、インタビューは通常一時間程度の時間をかけて行い、深い記憶を聞き出すことから、表面的な回答の奥にある〝真の声〟にたどり着く可能性が高くなる。

CCEは有効な手法であるが、一方でいくつかの課題も抱えている。まず第一点が、コストが高いことである。モニターの選定、ビデオカメラの設置とその解析、インタビューの実施などの作業が必要であり、多くの時間とコストがかかる。

第二点は、CCEは顧客のタイプ分けの方法なので、CCE調査によって明らかとなった〝ある飲食ニーズを持った顧客〟がどの程度存在するのかはわからない。しかし、CCEにより顧客タイプの仮説が構築されるので、その仮説に基づいて、定量調査を行うことにより、仮説の検証と同時に、顧客の定量把握もできる。今後はCCEのような定性的な解析手法とPOSデータのような量的なデータ分析の組み合わせによって、より正しい顧客ニーズを把握する手法の開発が望まれる。ここで、〝正しい〟にはいくつかの側面が含まれる。〝実際に存在する顧客ニーズ〟〝顧客ニーズの（提供側で）制御可能な変数による表現〟〝そのように表現された顧客ニーズの量的な把握〟などが考えられる。

コラム……………がんこの挑戦

サービス工学の研究をいかに活かすか

当たり前ですが、サービス業は、お客様に何らかのサービスを提供し、その対価をいただく業務です。しかし、テレビや服と違ってサービスは形がないものなのでどうしても〝見える化〟や〝定量化〟が難しいので、いきおい熟練従業員の〝経験と勘〟に頼ることになります。

この状態が続くと、私たち若い企画担当者はいつまでたっても先輩の経験を追い越すことができません。しかし、近年のようにめまぐるしい時代の変化は、お客様のニーズが日々変化します。〝昨日の是は今日の非〟が当たり前になりつつある現代、今までのような経験と勘だけでは時代の変化を正しくつかむことができません。自分自身も経験と勘を磨くとともに、お客様がどのような消費行動を起こすのかを科学的に分析し、ニーズに即した形のサービスを提供するために、サービス工学的なアプローチを取り入れていかなければならないと考えています。

次に、私たちの店内では、従業員のおもてなしに加えて、お客様に情報を提供するためのＰＯＰやメニュー、商品サンプルなどが多々あります。しかし、どういった訴求手段がお客様の心理に最も効果があるのかということはサービス企画者の主観に頼っており、いまのところ客観的な根拠は存在していません。

ＰＯＰを例にとると、ＰＯＰのサイズ、数量、字体、種類、色などの要素が異なれば、当然同じような内容が表現されていても、お客様に対する印象や消費行動は変化します。このモデルを定量化することで、企業（店）が顧客に対して最も伝えたい（販売したい）ことを確実にお客様に認知していただけるようになります。これはメニューでも同じことが言えると考えています。現在、ＰＯＳデータの解析を進めていますので、今後は販売促進手段と購買の関係を構造的に分析し、様々なツールに応用させていきたいと思います。

今の日本の〝食マーケット〟は成熟段階に入っています。従来のように大量に安くというモデルはすでに限界が来ています。一方で〝特徴はあるが高い〟という二者択一的な路線も目の肥えたお客様に支持されなくなっています。こういった時代だからこそ私たちの〝旨くて、安い〟というコンセプトが活きてくると考えています。経験と勘という人間が持つ最高のセンシング能力を基盤にしつつ、〝科学的・工学的アプローチ〟というブースターをつけることで、よりお客様に高品質なサービスをより効率的に提供したいと考えています。（営業企画部課長　井本貴大）

サービス工学でサービス・イノベーションは可能か

　ここで説明したような事例は、従業員が中心となってセンシングし、智恵として蓄積されてきたサービス提供現場を科学的・工学的アプローチで見える化・モデル化することで、サービス現場の構造を把握し、サービスの設計や現場のオペレーションを改善しようという試みである。たしかにこれらの取り組みによるオペレーションやサービスの改善は可能であろう。しかし、サービス業の本分である「人々のより豊かな生活に貢献する」であり、「お客様の満足や感動」に貢献する技術となりうるのであろうか？　企業の事業構造によって違いがあるであろうが、がんこにとってはあくまでサービス工学は必要条件である。

　たとえば、自動車産業で言うなら、高性能な車を製造するだけで販売数が伸びるわけではない。デザイン、価格、経済性といった物理的な要素やブランドイメージ、ステイタスのような心理的側面、また、メンテナンスなどアフターサービスの良さなどの様々な要因によって顧客満足が最終的に決定される。

　外食産業の場合でも、料理の味や店舗の居心地、立地の良さや価格帯などの様々な要因の総和として顧客満足度が形成されている。サービス工学とは、これら顧客満足を決定する要因を向上させる一つのアプローチであるが、企業として設計された価値を実現するためには調理技術力、デザイン力、従業員の教育力、財務力など総合力の裏づけも必要である。

企業としての自力を高めることが企業にとってまずなすべきことであり、サービス工学はその自力をより発揮できるようにするための手段の一つであると考えなければならない。スポーツに喩えるなら、まず健康でスタミナのある体を作り、そのうえで高い技術を身に付けて、素晴らしい記録を残せる選手になるようなものである。

サービス工学を自社の強みを活かす武器として活用し、イノベーションに挑戦していくために重要なことは〝借り物にしないこと〟である。産業界の一部には「理論はあくまで理論。現場では役に立たない。実践と経験こそが重要」という精神論をしばしば聞く。たしかに実践は重要である。しかし、単なる〝場数〟や〝思いつきの仮説とその経験的な検証に基づいた実践〟は本質的に違う。理論を踏まえたうえで、サービスを実践していくためには、研究者たちに理論や原則の発見をゆだねるのではなく、自らも一緒に学び、同時に研究に現場から積極的に参加することで、サービス工学の知見を身に付け、そのうえで理論を検証するとともに、現場で使える技術にするために、サービス現場で実践していかなければならない。

サービス産業に科学的・工学的アプローチがなかなか定着しない原因が、「中小企業が多いために研究開発基盤が確立できない」「生産性が低いため、博士号を取得した人材が進路として選択しない」のように説明されている。たしかにその側面は否定できないであろう。しかし、製造業が近代化していく過程において、最初から専門知識や学位を持って就職をしていたわけではない。

現場の技術者たちが製品をより高品質に、低価格に、安全にするというミッションを実現するために実験を繰り返し、壁にぶつかって研究者たちの智恵を求めた結果、生産性が大きく向上していったのである。その過程で、産業の進歩のためには現場の智恵と理論的な裏づけとの両方が必要だと痛感した技術者たちが現場の問題に取り組みながら学位を取り、実践的な智恵を蓄積していったのである。

サービス産業は、イノベーションの扉を開こうとするまさにその端緒にあると言っていい。先行している産業から智恵を学ぶだけでなく、こうした挑戦するスピリットも合わせて取り入れる必要がある。がんこだけでなく、サービス工学の導入に積極的な企業群が研究所を次々と立ち上げている。サービス産業全体に、このような種がまかれ、蓄積していくことによって、サービス産業全体にイノベーションという大きな〝生産性革命〟が起こるだろう。

おわりに――産業活動の主役の交代

製造業からサービス産業へ

明治維新以降から戦後、そして高度経済成長期に到るまで、〝より豊かに〟〝先進諸国に追いつけ〟を合い言葉に政府も産業界も、次々と先進的な製造技術を開発し、一九六〇年代の後半には世界二位の経済大国へと成長した。このように新しい技術の開発と導入によって産業界は大きく発展しただけでなく、社会や国民生活を豊かにするとともに、物質的な充足も実現させたのである。そのような意味で、製造業が果たした役割は大きく、二一世紀はまさしく製造業の飛躍の時代であった。

しかし、物質的な充足によって得た余裕から、国民の一人ひとりは消費行動を変え、結果として時代の流れとともに、日本における産業活動はサービス化へと徐々に舵を切るようなった。そして二〇世紀後半になって、この流れはより顕著なものになっていった。たとえば戦後間もない混乱期であったころ、外食をする余裕は多くの人にはなく、外食産業の市場規模は非常に限定されたものであった。つまり、本書で議論しようとしている外食産業の発展は、社会や国民生活の豊かさの向上と同じ道を歩んだと言ってもよいであろう。

外食産業の発展の軌跡を見ると、外食元年と言われた一九七〇年に約七兆円であった市場規模は、一九九〇年には約三〇兆円に達し、じつに約四倍の規模を誇る産業となった。経済の成長によって国民生活が豊かになれば、人々に余暇を楽しく過ごす余裕が生じるため、外食のみならず旅行やレジャー産業など様々な産業が市場を拡大させた。このようにして日本を含む多くの先進諸国や新興国では、サービス産業のウエイトが二〇世紀の後半になってジワジワと大きくなり、その一部では製造業をはるかに超えるところまで来ている。

経済活動のサービス化は、サービス産業の拡大だけを指すものではない。たとえば自動車産業における修理や維持などといったメンテナンスというアフターサービスを充実させること、コンピュータ企業が顧客に向けてソリューションビジネスを強化すること、これらは製造業のB2CやB2B分野などで、サービス活動が製造業自身にとっても重要な位置を占めるようになってきたことを意味している。このような製造業の動きもあって、過去二〇年間だけを俯瞰しても、一九九〇年にGDPの約五八パーセントしかなかったサービス産業のシェアは、二〇〇八年には七〇パーセントを超える水準まで成長してきている。

しかし、規模的には国の経済を支える重要な産業となったサービス産業であるが、生産性という観点で見たとき、まだまだ多くの課題を残している。製造業の場合、生産活動の生産の機械化や生産手段の高性能化などによって生産性の向上を実現させてきたが、現場で働く人々がサービスの生産手段となっているサービス産業の場合、人間が提供するサービスを単純に機械に置き換えることができなく、製造業ほど生産性を大きく向上させることがこれまでできてこなかった。

さらに、サービス産業の中を見ても、生産性の水準はそれぞれがまだら模様の状況にある。図にサービス産業の生産性を示す一つの指標としてしばしば挙げられる業種別賃金を示す。この図を見ると金融、証券、教育などは賃金水準が高く、製造業とともに生産性が高いと言える。一方、外食、宿泊、運輸などの労働集約的なサービス産業は賃金水準が低く、生産性が非常に低い。

金融、証券のようなサービス産業は、たとえば有価証券購買サービスや投資商品のように、サービスをＩＴ技術の積極的な導入によってその生産活動を仕組み化し、人が介在しなくても価値を創出することができるようになった。また、教育産業の場合、優秀

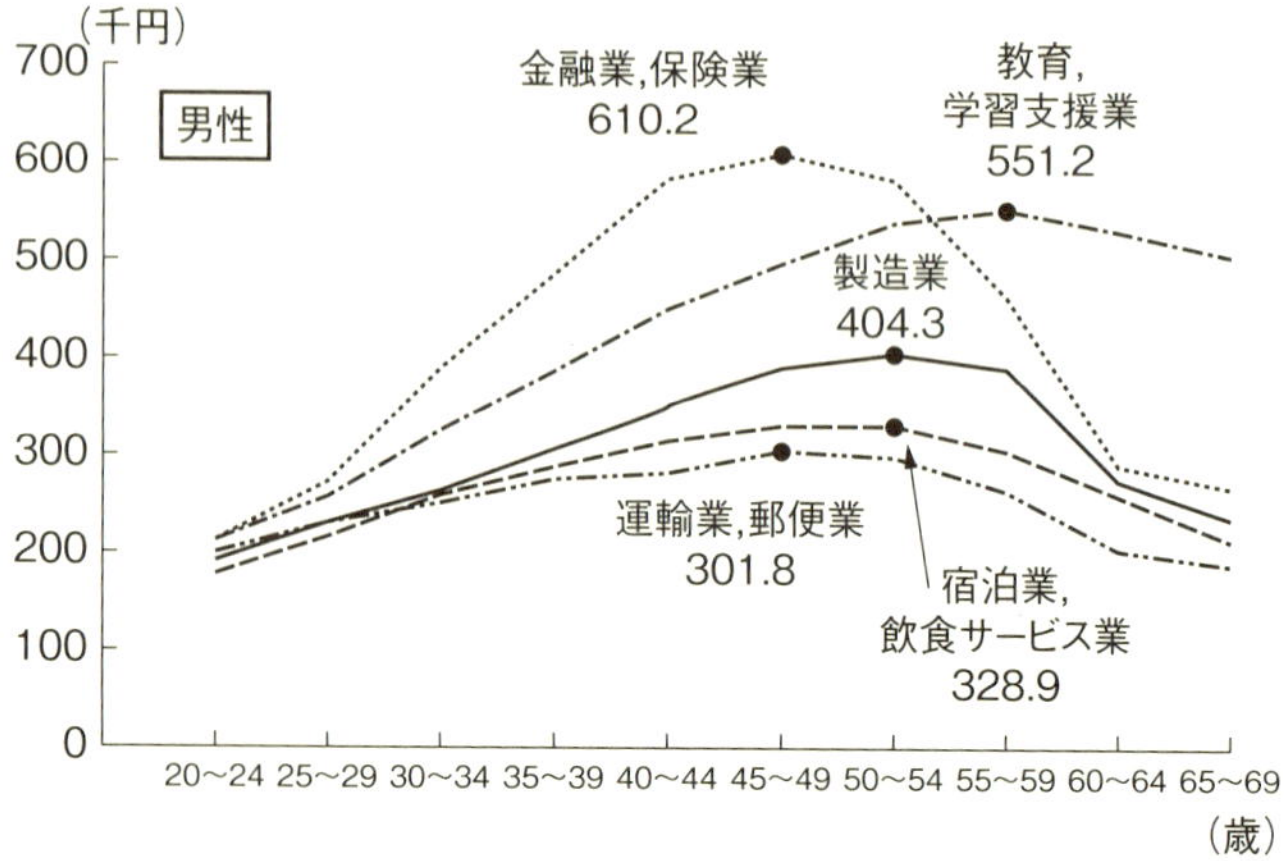

◆業種別に見た賃金
厚生労働省(2007年(平成19年)賃金構造基本統計調査(全国)結果の概要

な学習方法を本やDVDなどの形に置き換えることで複製可能にし、地理的、人的な制約を超えて、多くの人にサービスを提供することができる。

サービス産業が直面する課題

一方、労働集約的なサービス産業はどうであろうか？　トラック輸送業の場合、運転と配達には必ずドライバーが必要である。そのうえ、安心や安全という社会的要請に応え、数年前から一人のドライバーによる配送が禁止されたため、トラック輸送にはより多くの人手が必要になってきている。

外食産業の場合、労働生産性を高めるために、サービスの提供作業の単純化と標準化をすすめる努力が払われた結果、経営形態としての大規模なチェーンストアが導入され、ファストフードやファミリーレストランのように低価格で生産性の高い事業形態が導入されてきた。

しかし、ここにきて本格化してきた人口減少は、需要の低下をもたらし、そこから供給過剰という事業環境をつくった。これにより多くのサービス産業でオーバーストアに陥り、消費者がサービスや商品を選択するようになった。結果として企業間で低価格競争が激化し、生産性向上への取り組みを非常に難しくさせている。

また、人口減少社会は確実に労働集約的なサービス産業の市場規模を縮小させるであろう。たとえばインターネットサービスの場合、商圏という概念がなく、顧客を世界中に広げることができる。しかし、外食産業は顧客が店の近隣にいなければ来店してもらえない。運輸業は輸送する荷物の数が減少してしまえば必然的にマーケットの規模は縮小してしまう。このような社会環境の大きな変化の中で、一つひとつの企業の活動を着実に維持し、成長させるモデルはないのかというのが、現代社会の産業界が直面する重要な課題と言える。

人によってサービスの生産活動のオペレーションを支えている以上、人口減少はサービス生産の従事者の減少も意味する。これは中長期的な問題ではなく、介護や運輸などの様々な分野ですでに深刻な問題となりはじめている。つまり、サービス産業、とくに労働集約的なサービス産業は、コスト削減のための省力化ではなく、労働力が減少しても、サービスの品質レベルを維持向上させるこれまでにない新しい仕組みの確立が求められていると言える。

これらの課題を解決するいくつかの方策がすでに考えられている。

まず第一点は海外への進出である。労働集約的な要素の強い小売業だけでなく、多くの情報通信産業や外食産業はすでに海外市場へ展開を開始している。しかし、中小零細企業が多いサービス産業にとって、脆弱な財務体質で海外に進出していくことはかなり難しいと言える。また、仮に海外進出する財務基盤があったとしても、たとえば学習塾のような教育産業の場合、日本式の指導をそのまま海外に移転することはできない。また、旅館業の場合でも、日本流のおもてなしを海外で実践するには文化、習慣など様々な障壁が存在する。これらの壁を克服するためにはサービスの構造化やモデル化とその現地状況への個別の適応が必要となってくる。

成熟社会では、顧客ニーズを定量的に計測することが困難になってきている。たとえば高度成長期に〝三種の神器〟と言われた白黒テレビ、冷蔵庫、洗濯機は、マーケットに商品がない状態で顧客が物を求めていたため、何をつくればどれだけ売れるということがはっきりしていた。そのため、売価や機能、商品のデザインなどのいわゆる〝物理品質〟の計測や、所得水準は普及率といった定量データの分析によって顧客ニーズを見極めることができた。

しかし、身の周りに必要な製品があふれ、人の心に充足感が出始めた現代社会の環境では、次に何が売れるのかはっきり見えない。場合によっては自分自身のニーズがいったい何なのか、はっきり理解できないことが当たり前になっている。また、〝十人一色〟と表現された顧客のニーズはすでに大きく変化し、〝一人十色〟と言われるようになった。ある顧客は昼にファーストフード店で簡単に食事を済ませる一方で、夜には高級レストランで食事を楽しむということが日常的に行われている。このような消費行動を、これまで多くの現場で一般的に行われてきた線形の統計分析で扱うには限界が生じていると言えよう。

このように、サービス産業が製造業に代わって産業活動の主役に突如として躍り出たにもかかわらず、多くの課題を持っている。二〇世紀に製造業が多くの価値ある製品を生産性高く供給したことで、社会は豊かにすることができたが、この豊かさを今後も維持するためには、サービス産業のイノベーションを通じて、直面する課題を一つひとつ解決していかなければならないのである。

がんこの歴史
小嶋淳司、大阪十三にて4坪半の寿司店個人創業 十三寿司店開店・当時106席の大型寿司店として話題を呼ぶ テイクアウト専門の寿司店を始める 小嶋商事株式会社設立 十三本店開店 テイクアウト事業を撤退 旧梅田炉ばた焼店（梅田コマ横店）開店 服部店開店 セントラルキッチン業務を十三本店で開始 大阪市淀川区田川に配送センターを開設 くずは店開店 宗右衛門町店開店

関連年表——がんこフードサービスの歩み

	外食産業の歴史
1963（昭和38）年	日本リテイリングセンター設立
1964（昭和39）年	東京オリンピック開催 グルメ一号店開店
1965（昭和40）年	
1966（昭和41）年	
1967（昭和42）年	日本経済新聞調査による100店超企業は、不二家180・養老乃瀧156・伯養軒130・アートコーヒー・109 王将一号店（京都・四条大宮）開店
1968（昭和43）年	日本のGNP世界二位に 京樽、日本初の本格的セントラルキッチンを設立
1969（昭和44）年	第二次資本自由化（飲食業の100%自由化実施）
1970（昭和45）年	大阪万博にロイヤル、ケンタッキーフライドチキン、京樽、大和実業など出店 すかいらーく一号店（東京・国立）開店 ケンタッキーフライドチキン一号店（名古屋・名西）開店
1971（昭和46）年	マクドナルド一号店（銀座）開店 ロイヤルホスト一号店（北九州・黒崎）開店 日清食品、カップヌードル発売
1972（昭和47）年	外食市場が3兆円を超す
1973（昭和48）年	ファミリーマート一号店（埼玉・狭山）開店 円為替、変動相場制に移行 第一次オイルショック
1974（昭和49）年	社団法人日本フードサービスチェーン協会（JF）設立 セブンイレブン一号店（東京・豊洲）開店
1975（昭和50）年	外食市場規模が6兆円を超す すかいらーく、セントラルキッチン（東京・立川）設立 ローソン一号店（大阪・桜宮）開店
1976（昭和51）年	戦後生まれが総人口の半数超、65歳以上が8.1%

大阪市此花区西九条に新配送センターを開設
大阪市淀川区田川にセントラルキッチンを開設
桃谷店・総持寺店・天満寿司店開店

茨木炉ばた店・こがんこトアロード店・こがんこ十三東店開店

「がんこフードサービス株式会社」に社名変更
純米酒「がんこ一徹」誕生

なんば本店・なんば炉ばた店開店（大型複合店一号店）

こがんこ園田店開店

曽根崎本店・京都三条本店・こがんこ三条店開店
POS システムを開発
QC 活動を導入

道頓堀店開店

梅田本店開店・こがんこ梅田店・法善寺店・尼崎店開店

枚方店開店

本社移転（大阪市淀川区十三１丁目 2–13）・トレーニングセンター開設
高槻店・こがんこ高槻店開店

大阪市此花区西九条に商品センター、セントラルキッチン（約 400 坪）移設
寝屋川店開店・こがんこ寝屋川店・三宮寿司店開店

大阪市淀川区田川に豆腐工房開設、豆腐生産に着手
豊中店・橿原店開店

平野郷屋敷開店（屋敷１号店）

1977（昭和 52）年	外食市場規模が 10 兆円台に マクドナルド、日本初の本格的ドライブスルー店（東京・高井戸） デニーズが初の 24 時間営業開始
1978（昭和 53）年	ロイヤル、福岡市場に上場 すかいらーく、店頭公開
1979（昭和 54）年	第二次オイルショック
1980（昭和 55）年	吉野家、会社更生法を申請 農林省に外食産業対策室
1981（昭和 56）年	木曽路、和食ファミリーレストラン一号店開店 外食産業総合調査研究センター設立
1982（昭和 57）年	外食産業、初めて経済企画庁のヒアリング対象に セブンイレブンを始めコンビニや外食産業が POS システム導入 すかいらーく、デニーズ、東証二部上場
1983（昭和 58）年	マクドナルドが外食売上高トップに JF　日本フードサービスカレッジ
1984（昭和 59）年	マクドナルド、店舗売上高 1000 億円達成 居酒屋・焼酎ブーム
1985（昭和 60）年	デリバリーピザが初登場（ドミノピザ恵比寿店） JF、日本フードサービス協会に名称変更 プラザ合意
1986（昭和 61）年	バブル景気始まる JF、日本フードサービスビジネススクール開校
1987（昭和 62）年	FF ディスカウント戦争始まる アサヒスーパードライ発売
1988（昭和 63）年	
1989（平成元）年	外食市場規模が 20 兆台円に 消費税（3％）導入
1990（平成 2）年	吉野家ディー・アンド・シー、店頭公開 バブル経済崩壊へ

上野本店（東京１号店）・大阪狭山店開店

加古川店・千里中央店開店
とんかつの開発に着手

OS 店・銀座四丁目店開店

農林水産大臣賞（外食産業　人材養成功労）受賞
関西国際空港店・とんかつ三宮店開店（とんかつ１号店）

小嶋淳司　社団法人　大阪外食産業協会　会長就任
高瀬川二条苑・とんかつ高槻店・とんかつ難波店開店

銀座一丁目店・とんかつ心斎橋店・とんかつ兵庫駅前店開店

とんかつエアロプラザ店・回転寿司心斎橋店開店

近鉄 momo 店開店
がんこ豆腐一徹庵近鉄阿倍野店開店

あべのルシアス店開店

天保山店・泉大津店・川崎店開店
有限会社がんこ酒販を設立
農林水産大臣賞（外食産業　ごはん食普及功労）受賞
物流合理化賞（日本ロジスティックスシステム協会）受賞

小嶋淳司　社団法人　日本フードサービス協会　会長就任
新大阪店・こがんこ心斎橋店開店
コムズ京橋店・回転寿司 JR 大阪駅店開店

蒲田店・こがんこ京橋店・三田の里開店
うどんちり本家(株)にし家が、がんこグループとなる

全日本選抜 QC サークル大会　銀賞＆特別賞　受賞
京都駅ビル店・ユニバーサル・シティウォーク・大阪店開店
第１回調理コンテスト開催

1991（平成 3）年	すかいらーくグループ、売上高でマクドナルドを抜きトップに 牛肉、オレンジ輸入自由化
1992（平成 4）年	ガスト一号店（東京・小平）開店 全国共通食事券「ジェフグルメカード」開始
1993（平成 5）年	米不足、国内米の価格高騰
1994（平成 6）年	地ビール解禁 預金金利完全自由化
1995（平成 7）年	新食糧法施行 阪神・淡路大震災
1996（平成 8）年	スターバックスコーヒー一号店（東京・銀座）開店 有機野菜に人気 O-157 事件（大阪・堺）、欧州で BSE 騒動
1997（平成 9）年	外食市場規模が 29 兆台円に 消費税率、5％に変更
1998（平成 10）年	外食市場規模が 28 兆円 5000 億円に。初のマイナス成長
1999（平成 11）年	i モードサービス開始 ココス、中国・北京に出店
2000（平成 12）年	容器包装リサイクル法施行 ダスキン、中国・上海にミスタードーナツ出店
2001（平成 13）年	日本で初の BSE 感染牛発生
2002（平成 14）年	雪印食品、牛肉偽装で解散 リンガーハット、中国・青島に一号店 JF、百姓倶楽部と生ゴミリサイクル事業開始
2003（平成 15）年	生鮮・冷蔵輸入牛肉のセーフガード発動 ビジット・ジャパン・キャンペーン実施 すかいらーく、横川・茅野四兄弟取締役退任、最高顧問へ ロイヤル創業者　江頭匡一氏、日本マクドナルド　藤田田会長退任 JF、農産物の監査・認証制度発足

大阪市港区市岡に商品センター（セントラルキッチン、豆腐工房）移転開設
こがんこあべちか店開店
がんこ農園・がんこブランド素材の開発に着手

小嶋淳司　社団法人　関西経済同友会　理事就任
春の褒章において小嶋淳司、藍綬褒章　受章
小嶋淳司　代表取締役会長、志賀茂　代表取締役社長に就任
とんかつ奈良店・とんかつ江坂店・和歌山六三園開店
阪急東通り店・NEX–T 1 淀屋橋店開店

小嶋　淳司　関西経済同友会代表幹事就任
人材会社『グランドスケープ株式会社』設立
有限会社がんこ酒販を『がんこ酒販株式会社』に変更
一徹庵守口店・JR 神戸駅店開店、豚乃屋頑五郎元町店開店

マングローブの植林を通じて、地球環境との調和・改善に努める活動を評価され、インドネシア　タラカン市より感謝状を授与
OMM 店・豚乃屋頑五郎京橋店開店・とんかつ梅三小路店開店
第 1 回接遇コンテスト開催
全日本選抜 QC サークル大会　石川馨賞　受賞

第 2 回『ハイ・サービス日本 300 選』受賞
『リトル沖縄オーバーシーズ』がんこグループになる
日本科学技術連盟 QC サークル石川馨賞　受賞
外販部の設立、物販事業へ参入
POS に代わる生産管理システム Process Management system 開発・導入
(独)産業技術総合研究所サービス工学研究センターとの共同研究契約の締結
小嶋淳司　大阪商工会議所　副会頭就任
立川店・パンジョ泉北店・宝塚苑開店

農林水産大臣賞（外食産業　地産地消推進功労）受賞
岸和田五風荘開店
『気づきサイエンス研究所』の設立、(独)産業技術総合研究所サービス工学研究センターと顧客接点におけるサービスの実践的研究の開始

秋の叙勲において小嶋淳司、旭日中綬章　受章
食品の輸出事業に着手
神戸大学とサービスイノベーションに関する共同研究の開始
関西国際空港　国際ゲート店・堂島アバンザ店開店

人日本フードサービス協会、発売：株式会社商業界）

2004（平成 16）年	米国 BSE 問題で牛丼、焼肉チェーン等の収益悪化 鳥インフルエンザ、豚コレラの発生
2005（平成 17）年	農水省、「外食産業における原産地表示ガイドライン」制定 厚生労働省による人口動態統計、初の自然減を記録
2006（平成 18）年	BSE 対策本部、米国産牛肉の輸入再開を決定 吉野家、駐車場付店舗でのアルコール販売を中止 プレミアムビールが人気に
2007（平成 19）年	食品偽装問題が相次ぐ 改正道路交通法施行（飲酒運転に対する罰則強化） リーマンショック
2008（平成 20）年	サブプライム問題から世界的経済不況に突入 日経平均株価が終値でバブル崩壊後最安値となる 原材料の高騰による値上げが起こる メタボリックシンドローム検診の義務化
2009（平成 21）年	新型インフルエンザの発生 低価格競争の激化 すかいらーく最後の店舗（川口新郷店）閉店 外食産業総合調査研究センターが解散、(財)食の安全・安心財団の附属機関に移管
2010（平成 22）年	口蹄疫の発生

参考図書
『時代に先駆けた 19 人　外食産業を創った人びと』を参考に作成（発行：社団法

【編集協力】

高橋俊文	取締役営業本部副本部長
吉田宗利	商品本部副本部長
山本一文	人事部長・気づきサイエンス研究所主幹研究員
畑田源三郎	情報システム部長
大浦秀一	営業推進部次長・気づきサイエンス研究所主任研究員
竹中扶志	統括調理長・セントラルキッチン責任者
山中一郎	人材開発部課長
井本貴大	営業企画部課長・気づきサイエンス研究所研究員
吉田達也	販売促進部係長・気づきサイエンス研究所研究員
石田光代	人材開発部係長・GQC 推進事務局
頭師可奈子	接客部係長・気づきサイエンス研究所研究員

【著者紹介】

新村　猛（しんむら　たけし）

がんこフードサービス株式会社　常務取締役

大学在学中にがんこフードサービスでアルバイトを始め、1994年同社入社。現在がんこフードサービス常務取締役、グランドスケープ株式会社代表取締役、株式会社にし家専務取締役、株式会社リトル沖縄取締役。2008年より独立行政法人産業技術総合研究所サービス工学研究センター研究顧問、2011年より同志社大学大学院ビジネス研究科嘱託教員を兼ねる。同志社大学大学院ビジネス研究科（MBA）を経て2011年より筑波大学大学院システム情報工学研究科博士後期課程。著書『一匹狼のすすめ』（共著、長崎出版）、『消費者行動の科学』（分担執筆、東京電機大学出版局）

内藤　耕（ないとう　こう）

独立行政法人産業技術総合研究所 サービス工学研究センター 副研究センター長、工学博士。サービス産業生産性協議会・業務革新フォーラム推進委員会委員、日本小売業協会・流通業サービス生産性研究会コーディネーター、日本スーパーマーケット協会・店舗オペレーション業務改善研究会コーディネーター等を務める。主な著書は、『入門！システム思考』（共著、講談社現代新書）、『サービス工学入門』（編著、東京大学出版会）、『サービス産業進化論』（共著、生産性出版）、『サービス産業生産性向上入門―実例でよくわかる！』（日刊工業新聞社）、『「最強のサービス」の教科書』（講談社現代新書）、『消費者行動の科学』（共編著、東京電機大学出版局）など。

「がんこ」の挑戦

――抜きん出たおもてなしを創り出す――

2011年2月18日　第1刷 ©

著　者　新村　猛

　　　　内藤　耕

発行所　生産性出版

〒150-8307　東京都渋谷区渋谷3－1－1

日本生産性本部 出版部

電話（編集）03(3409)1132

　　（販売）03(3409)1133

ISBN　978-4-8201-1972-2　　美研プリンティング／イマヰ製本所